Terapia sistêmica
e psicodrama

Dados Internacionais de Catalogação na Publicação (CIP)
(Câmara Brasileira do Livro, SP, Brasil)

Farmer, Chris
  Terapia sistêmica e psicodrama / Chris Farmer [tradução de Moysés Aguiar]. São Paulo : Ágora, 2004.

  Título original: Psychodrama and systemic therapy.
  Bibliografia.
  ISBN 978-85-7183-795-9

  1. Medicina alternativa 2. Psicodrama I. Título.

04-0674   CDD-150.198

Índice para catálogo sistemático:

1. Psicodrama: Visão sistêmica:
Método psicanalítico 150.198

Compre em lugar de fotocopiar.
Cada real que você dá por um livro recompensa seus autores
e os convida a produzir mais sobre o tema;
incentiva seus editores a encomendar, traduzir e publicar
outras obras sobre o assunto;
e paga aos livreiros por estocar e levar até você livros
para a sua informação e o seu entretenimento.
Cada real que você dá pela fotocópia não autorizada de um livro
financia o crime
e ajuda a matar a produção intelectual de seu país.

Terapia sistêmica e psicodrama

Chris Farmer

EDITORA
ÁGORA

Do original em língua inglesa
PSYCHODRAMA AND SYSTEMIC THERAPY
Copyright © 1995 by Chris Farmer
First published by H. Karnac Books Ltd. represented by
Cathy Miller Foreign Rights Agency, London, England
Direitos desta tradução adquiridos por Summus Editorial

Capa: **Luciano Pessoa**
Tradução: **Moysés Aguiar**
Editoração e fotolitos: **All Print**
Impressão: **Sumago Gráfica Editorial Ltda.**

Editora Ágora
Departamento editorial:
Rua Itapicuru, 613 – 7º andar
05006-000 – São Paulo – SP
Fone: (11) 3872-3322
Fax: (11) 3872-7476
http://www.editoraagora.com.br
e-mail: agora@editoraagora.com.br

Atendimento ao consumidor:
Summus Editorial
Fone: (11) 3865-9890

Vendas por atacado:
Fone: (11) 3873-8638
Fax: (11) 3873-7085
e-mail: vendas@summus.com.br

Impresso no Brasil

Agradecimentos

Sou grato a Marcia Karp e Ken Sprague, que me apresentaram ao psicodrama no Holwell Center for Psychodrama and Sociodrama, em North Devon, Inglaterra, onde adquiri a maior parte de minha formação; devo muito também ao trabalho que desenvolvi lá com meus companheiros de treinamento.

No que diz respeito à terapia familiar e sistêmica em Guernsey, tenho um débito particular com aqueles que visitaram a Ilha para dirigir seminários. Estão incluídos John Byng-Hall, Rosalind Draper e Max Van Trommel. Um seminário dirigido em Guernsey por Francis Batten também ajudou a estabelecer o psicodrama na Ilha.

A aplicação da teoria sistêmica ao psicodrama foi-me apresentada pela primeira vez por Anthony Williams num congresso bicentenário na Austrália, e sua influência foi crucial no meu trabalho.

Devo meu conhecimento da teoria e da prática de Bowen a Marcia Geller e ao Carmel Family Therapy Center, Nova Iorque; com ela, adquiri uma experiência específica no trabalho psicodramático com famílias.

Agradeço a Olivia Lousada meu interesse pela importância da dinâmica envolvida na escolha dos protagonistas.

Sou muito grato a Lisa King por seu apoio secretarial e a Peter Le Vasseur e Angie Parker pelas ilustrações.

Sou grato aos colegas e pacientes com os quais tenho trabalhado em Guernsey pelo material clínico no qual este livro se baseia.

Sumário

Prefácio 9

Prólogo 13

Introdução 17

1 Sistemas de psiquiatria e drama 23

2 Uma sessão psicodramática em ação 46

3 A exploração psicodramática da psiquiatria transgeracional: "os pecados dos pais" 72

4 Psicodrama estratégico: ajudando uma mãe problemática a conversar com a assistente social de seus filhos 88

5 O psicodrama como fonte de informação 100

6 O efeito de um papel terapêutico sobre outro num serviço público de saúde mental 113

Referências bibliográficas 125

Prefácio

ZERKA T. MORENO

Os pioneiros são pessoas que correm onde os anjos temem andar. Assim foi com J. L. Moreno, quando ele entrou no campo que seria mais tarde chamado "terapia familiar" e publicou o primeiro relatório de seu trabalho em *Sociometry, A Journal of Interpersonal Relations*, em 1937. O título do trabalho era "Terapia interpessoal e a psicopatologia das relações interpessoais". Tratava especialmente de casais e também de um triângulo amoroso. Foi também a primeira vez que se utilizou o termo "ego-auxiliar" – o terapeuta como mediador no processo terapêutico – e se descreveram suas funções. Foram apresentados vários segmentos de psicodramas com os parceiros amorosos.

Deve-se lembrar que na década de 1930 esse tipo de intervenção ocorreu contra todas as formas aceitas de psicoterapia que se praticavam na época, e o volume de resistência às idéias de Moreno era enorme. Mas uma das primeiras pessoas a se envolver no que se tornou a terapia familiar foi Nathan Ackerman. Com formação psicanalítica, ele conheceu Moreno no início da década de 1940 e produziu seu primeiro artigo no campo da psicoterapia de grupo, para nossa revista *Group Psychotherapy*, em 1951. O título era "Psicanálise e psicoterapia de grupo". Quando ainda não se falava em terapia familiar, Ackerman escreveu:

> A relação psicanalítica dual provê uma experiência única na qual são revividos os padrões precoces das relações criança–genitor e removidos

seus elementos destrutivos. A psicoterapia de grupo, envolvendo três ou mais pessoas, porém, tem sua base dinâmica no fato de que o caráter da criança é influenciado não somente pela mãe, mas por todas as relações de interação dentro do grupo familiar, especialmente o relacionamento entre os pais. Esses padrões interpessoais múltiplos, um afetando o outro, também contribuem para a distorção da personalidade.

Em psicodrama, esses padrões interpessoais, interacionais, são explorados pela ação, e não somente analisados, e redirecionados por meio dela. Para indicar o quanto de resistência Ackerman também encontrou quando se arriscou na arena de psicoterapia de grupo, ele escreveu no artigo a seguir:

> Durante uma reunião da Associação Americana de Ortopsiquiatria, na qual se lançou o projeto da Associação Americana de Terapia de Grupo, eu timidamente sugeri que o estudo do processo de psicoterapia de grupo poderia constituir-se num campo propício para a aquisição de conhecimentos extremamente necessários em uma nova ciência, a psicopatologia social. Minhas observações não tiveram uma recepção favorável na ocasião, mas eu ainda atribuo isso a um preconceito. Eu acredito que um estudo cuidadoso do processo de psicoterapia de grupo ainda pode dar substância à novel ciência da psicopatologia social.

É fácil perceber como Ackerman foi atraído para as idéias de Moreno e ao mesmo tempo começou a dar passos que culminaram, alguns anos depois, na organização do Instituto Ackerman de Terapia Familiar, em Nova Iorque.

Desde então, tanto a psicoterapia de grupo como o psicodrama foram aceitos em muitas áreas de conflitos interpessoais, inter e intragrupais, tendo a terapia familiar como um dos ramos firmemente estabelecidos. O doutor Chris Farmer apresenta neste livro uma visão panorâmica completa dos diversos modos pelos quais ele pode usar o psicodrama em várias situações.

Considero que talvez o próprio termo "psicoterapia" devesse ser revisto. Temos a certeza de que curamos psiques? Moreno achava que as psiques são particularmente difíceis de serem influenciadas. Ele sentia que eram as relações que influenciavam, e era pelas relações que a cura poderia acontecer. Deveríamos começar a nos identificar como "terapeutas da relação?". Era especialmente com o sistema sociométrico que Moreno estava preocupado, como a base para mapear, diagnosticar e transformar as relações interpessoais. Era difícil para os psiquiatras compreender a sociometria, vindo, como eles vieram, de um treinamento médico e da preocupação com um indivíduo específico de cada vez. Levou muito tempo para vingar a idéia de que todas as relações humanas estão envolvidas na psicoterapia.

Moreno estabeleceu a sociometria como o guarda-chuva debaixo do qual se situam a psicoterapia de grupo e o psicodrama. Ele considerava fundamental para a psicoterapia de grupo e para o psicodrama entender as relações humanas subjacentes, ou seja, a sociometria – a medida das relações humanas – poderia revelar melhor, como um microscópio para o grupo, enquanto o psicodrama era o microscópio da psique com suas inter-relações. A maioria dos psicoterapeutas que usam a psicoterapia de grupo e o psicodrama foi buscar essas abordagens debaixo do guarda-chuva. O doutor Chris Farmer utilizou admiravelmente tanto a sociometria como a teoria de papéis, e o modo sistêmico de operar e de pensar constitui o fundamento de seu trabalho. Embora a literatura psicodramática esteja se expandindo em muitos idiomas, o uso dos sistemas sociais ainda é bastante raro. Por isso, este livro vem a ser uma contribuição ao que é ainda, sob vários aspectos, um esforço pioneiro.

BEACON, NOVA YORK

Prólogo

A interação social complexa numa área geográfica reduzida e claramente definida propicia um campo fértil para o terapeuta sistêmico e para o psicodramista que trabalha com famílias.

Em uma comunidade pequena, o fato de estar perto da ação proporciona uma multiplicidade de perspectivas das quais se pode ver a evolução dos sistemas familiares. Guernsey, com uma população relativamente densa dentro de um perímetro bem definido, apresenta um alto grau de complexidade no que diz respeito às inter-relações entre seus moradores. As histórias familiares se estendem por períodos prolongados num mesmo lugar, possibilitando a contextualização do material clínico, tanto histórica quanto contemporaneamente. Quanto mais próximo da ação estiver o observador, mais específica será a informação recebida; o particular é importante quando se definem diferenças – uma tarefa necessária para se compreender uma interação complexa. O que é específico, porém, se define em relação ao geral, e o que é geral é, por sua vez, uma abstração com base em semelhanças. O psicodrama se dirige explicitamente ao específico: "Quem?", "O quê?", "Onde?" ou "Quando?" – essas são as perguntas que possibilitam a construção da cena.

O palco, no entanto, é também uma sala de psicoterapia de grupo, e o elenco são os membros de grupo, ou quem sabe está simbolizado por cadeiras; seu significado é determinado pelo que ou a quem elas se referem, especificamente, nas mentes das pessoas presentes. Especificidade, entretanto, não requer uma repetição literal de todos os fenômenos, mas sim um esboço das relações entre eles. Neste livro, o que é mais específico das informações pessoais, os nomes das pessoas e os lugares, foi alterado de forma que preserve a privacidade, tendo sido as histórias suficientemente ficcionalizadas para tornar não-identificáveis seus sujeitos.

O presente livro procura estabelecer as relações entre pensamento sistêmico e a ação em psiquiatria. Consiste em descrições na forma de narrativa – minha versão pessoal das histórias de outras pessoas. Da mesma maneira, como observadores, os terapeutas sistêmicos e os psicodramistas também focalizam as observações de outros observadores. Diferentes clínicos poderiam ter contado histórias diferentes relativas aos mesmos casos relatados nesta obra. Os pacientes e parentes, por sua vez, poderiam ter inundado o mesmo chão com narrativas diferentes. Há porém uma distinção importante entre narrativas que são deliberadamente inventadas para ilustrar uma idéia – consideradas verdadeiras apenas num sentido mítico – e as que são escritas como um documento histórico. Mesmo assim, a história pode ser considerada um registro de observações selecionadas.

Se, em termos sistêmicos, o que é mais complexo pode ajudar a explicar o que é mais simples, é essencial que se decida o que incluir e o que omitir para evitar que a descrição fique complicada demais. A seleção é pessoal e subjetiva; de acordo com a visão construcionista social da "realidade", o material pode ser considerado um mapa (minha versão pessoal) de outros mapas. Além disso, todas as narrativas requerem seletividade em relação ao que é deixado de fora. Se tudo o que ocorreu fosse relatado, não haveria "história": haveria apenas um registro sem significado ou sem interpretação. O historiador, assim como o terapeuta familiar, tem de destacar dados para fornecer uma informação útil. Na vida real, os eventos em si não têm começo nem fim. Esses aspectos são definidos pelas pessoas. Enquanto se deseja preservar a autenticidade do material, recorrendo à seqüência de eventos e a padrões de interação clínica e familiar, o processo seletivo serve também para salvaguardar a privacidade das pessoas neles envolvidas, tornando-as irreconhecíveis.

* * *

Num trabalho posterior a este livro, os temas são elaborados em histórias mais complicadas que incluem o trabalho levado a cabo com diferentes gerações familiares em extensos períodos de tempo, contudo no contexto do mesmo serviço de saúde pública. Os casos clínicos podem referir-se a um tempo tão longínquo quanto a pessoa é capaz de recordar. Poder-se-ia pensar que a Segunda Guerra Mundial seria um limite histórico satisfatório para os eventos considerados, entretanto as características da Ocupação e da Evacuação aparecem significativamente na casuística, e as histórias continuam depois de este livro ter sido escrito.

Introdução

Moreno, o pioneiro das relações interpessoais no campo da sociometria, da terapia de grupo, do psicodrama e do sociodrama, entrou no domínio da terapia familiar quando publicou *Inter-personal therapy and the psychopathology of inter-personal relations* [Terapia interpessoal e a psicopatologia das relações interpessoais] (1937a). Como assinala Compernolle (1981), Moreno apresentou em 1973 formulações de orientação tipicamente sistêmica, mas ele não é amplamente mencionado na literatura de terapia sistêmica. Acredito que isso se deve em parte ao fato de ele ter desenvolvido uma linguagem própria a respeito de relações interpessoais e técnicas terapêuticas, para cobrir áreas mais amplas do que a terapia familiar, antes do advento da teoria geral dos sistemas e de sua influência no pensamento posterior dos terapeutas de família e sistêmicos. Ele é amplamente reconhecido como o fundador do psicodrama, que até recentemente não era abordado em termos da teoria dos sistemas.

Uma exposição completa e definitiva do psicodrama como terapia sistêmica foi feita por Williams (1989) quando definiu suas técnicas e sua fundamentação teórica utilizando a linguagem sistêmica e cibernética. O mesmo foi feito por Chasin, Roth e Bograd (1989), que descreveram uma forma de empregar técnicas de ação em entrevistas no estilo sistêmico pós-Milão, na qual métodos de ação de vários tipos se constituíram numa rica tradição em terapia familiar. Tomm (1991) desenvolveu a técnica de encorajar pacientes a falar com base na "voz interna" de membros da família, mediante perguntas a respeito de "outras questões internalizadas". Esta se assemelha a uma técnica psicodramática, a inversão de papéis, com a diferença de que não há nenhuma interação física.

Uma visão global da terapia como mudança leva em conta a associação entre crença, percepção e comportamento; aquilo em que nós acreditamos é afetado pelo que vemos, o que, por sua vez, depende do comportamento que está ocorrendo. Da mesma forma, nossas crenças afetam o modo como vemos o mundo – como fazemos distinções criando diferenças significativas entre os fenômenos que percebemos (Bateson, 1979). Nossa interpretação dos eventos, por sua vez, afeta nosso comportamento (Campbell, Draper & Huffington, 1989).

Desse modo, nossas crenças e, portanto, nosso comportamento podem ser vistos como decorrentes do modo pelo qual vemos o mundo e do significado que atribuímos aos fenômenos. Esse padrão recursivo implica que nossas crenças são socialmente criadas, ou, na linguagem da psicologia social, "construídas" (Kelly, 1955).

O psicodrama pode ser considerado um meio para multiplicar perspectivas e tornar acessíveis formas múltiplas de definir os fenômenos. Ele é co-construído (Anderson, Goolishian & Windermand, 1987) pelo protagonista, pelo diretor e pelo grupo, e permite explorar uma multiplicidade de possíveis cenários. Ele se baseia na ação, e permite experimentar o comportamento em níveis diferentes e vê-lo de muitos ângulos tanto pelos observadores quanto pelos sujeitos da ação. Na medida em que a experiência e a percepção afetam as crenças, as quais, por sua vez, influenciam o comportamento, o psicodrama, incorporando as idéias, as percepções e os comportamentos de muitas pessoas, além daqueles do protagonista, proporciona entrelaçamentos recorrentes que influenciam as relações entre crença, percepções e comportamento.

O psicodrama explora a abundância de possíveis idéias, sentimentos e ações para criar oportunidades de determinar a maneira pela qual eles podem ser relacionados. Em vez de separar fenômenos ou crenças em dualidades ou pluralidades, o pensamento sistêmico inclui a pesquisa da conexão entre fenômenos ou idéias aparentemente independentes, englobando-os num padrão global que inclui dicotomias e diferenciações num nível mais alto de organização ou de um ponto de vista mais amplo (Fruggeri & Matteini, 1991).

Desse modo, os eventos e as experiências em um psicodrama são situados num contexto no qual eles podem ser mais facilmente definidos e compreendidos. O psicodrama é por excelência um "marcador de contextos" (Boscolo, Cecchin, Campbell & Draper, 1985), na medida em que o palco é precisamente o lugar para criar e trocar contextos. Além disso, como um *endeavour* co-criativo, permite a significados socialmente reunidos que emerjam da interação entre convicção, percepção e comportamento.

Minhas idéias sobre psiquiatria e terapia foram influenciadas pela posição que adotei em minha prática clínica como médico. Isso influenciou as anotações que fiz e o modo como trabalhei. Este livro fala da aplicação do pensamento sistêmico à compreensão do psicodrama e de como aplico cada uma dessas abordagens na prática psiquiátrica.

As idéias desenvolvidas no meu trabalho como psiquiatra começaram a cobrir uma variedade de modalidades de tratamento desde uma abordagem médica tradicional, por meio de vários modelos de psicoterapia individual e de grupo, até um modo de conceituar o cuidado médico mental que incorpora diferentes perspectivas teóricas e estilos de trabalho.

O processo de desenvolver esse pensamento e método de trabalho ocorreu simultâneo à co-evolução entre teoria e prática e sua mútua interação, o que me levou a refletir na relação entre as duas.

Vejo o trabalho psiquiátrico como algo que envolve tanto o diálogo entre terapeuta e paciente como vários modelos de interação múltipla que inclui, por exemplo, a equipe de trabalho, familiares, grupos de pacientes (em um ambiente terapêutico), bem como os diferentes convênios. Para evitar a divisão e o pluralismo, devem-se se aproximar e conceituar esses diferentes métodos de forma que estejam interligados por uma apresentação unificada que englobe todos eles. Isso se aplica tanto ao serviço psiquiátrico quanto aos indivíduos (a equipe, os familiares e os pacientes), de forma que cada um dos modos de trabalhar esteja relacionado aos demais. Durante vários anos eu carreguei dois títulos: consultant psychiatrist [consultor psiquiátrico] e consultant psychotherapist [consultor psicoterapêutico]; um deles se refere à minha posição e às tarefas que devo executar, o outro ao modo como trabalho. Gosto de acumular ambos os títulos pois não desejaria ter um só deles em detrimento do outro.

O pensamento sistêmico começou a me ser útil quando passei a trabalhar com famílias. Depois, também me permitiu fazer uma ligação entre outros modos de trabalhar com pacientes, equipes, famílias e convênios. Depois de ler um trabalho desenvolvido por Fruggeri e Matteini (1991), passei a conceber um significado específico de "terapia" em um serviço público de saúde mental, de acordo com o contexto no qual a "terapia" ocorria: o serviço de saúde mental poderia operar "terapeuticamente" se os métodos aplicados influenciassem a forma de trabalhar da equipe e vice-versa. O psicodrama é considerado um método de tratamento de um indivíduo e de um grupo simultaneamente. Isto é, portanto, um paradigma para a tarefa de se considerar ao mesmo tempo tanto o que é específico dos indivíduos como o que há em comum entre os outros envolvidos, seja uma categoria diagnóstica particular, um problema de vida inevitável (como aflição), ou a experiência de ser um membro de uma família, um paciente em uma unidade para crises agudas ou em um hospital-dia, o membro de uma equipe ou de um grupo de terapia.

O psicodrama, mais do que qualquer outro método que emprego, aponta para a necessidade de conceituar ambas, individualidade e generalidade, ao mesmo tempo. Ilustra modos de pensar sistematicamente e pode ser considerado uma forma de terapia sistêmica que certamente se harmoniza com outros métodos terapêuticos.

Ao escrever sobre psicodrama como terapia sistêmica, portanto, refiro-me também a formas de usar o pensamento sistêmico no cuidado geral de pacientes em um serviço público de saúde mental.

Este não é um livro sobre psiquiatria como tal, nem um tratado sobre o pensamento sistêmico aplicado à terapia familiar ou à consulta (ver Campbell et al., 1989; e Jones, 1993). Não é um manual ou tratado sobre psicodrama, para o que sugiro Blatner e Blatner (1988), Goldman e Morrison (1984), Kipper (1986) e Kellermann (1992). Para aprofundar os escritos do fundador do psicodrama, J. L. Moreno, recorro a *O essencial de Moreno* (Fox, 1987) e para um registro recentemente publicado do uso do psicodrama no tratamento de uma família, empreendido por J. L. Moreno e Zerka T. Moreno, recomendo o capítulo "Tempo, espaço, realidade e a família", escrito por Zerka Moreno, o maior expoente vivo do trabalho de J. L. Moreno, em Holmes e Karp (1991).

A exposição completa da prática mais moderna do psicodrama é encontrada em *Psicodrama desde Moreno* (Holmes, Karp & Watson, 1994).

Supõe-se que o leitor já esteja familiarizado com a teoria de sistemas, o que não pressupõe nenhum conhecimento prévio de psicodrama.

As sessões de psicodrama descritas neste livro referem-se a grupos que tinham entre 12 e 22 participantes, incluindo dois profissionais da equipe de enfermagem e o diretor; 20% dos pacientes estavam internados e os demais eram do hospital-dia. Na maioria das sessões aproximadamente 60% dos pacientes eram do sexo feminino. As idades variavam de 16 a 65 anos.

Começo com a história de minha experiência em psiquiatria e no trabalho com diferentes idéias sobre terapia. Focalizo então na descrição do psicodrama na linguagem sistêmica. Como ilustrações, uso narrativas que se utilizam do material psicodramático. Finalmente, ao discutir como o psicodrama se relaciona a outros aspectos de cuidados com os pacientes, examino sistematicamente modos de pensar no tratamento psiquiátrico de forma geral.

1

Sistemas de psiquiatria e drama

Terapia familiar sistêmica

A terapia familiar focaliza o sistema que se apresenta ao terapeuta e aos membros da família enquanto interagem durante uma sessão. Eu digo que "se apresenta" porque "o sistema" não existe a não ser na mente das pessoas como indivíduos. Cada membro da família e cada terapeuta considerariam o sistema de um ponto de vista diferente; se fosse um psicodrama e não uma sessão de terapia familiar, cada membro apresentaria sua própria representação da família. Não há nenhum retrato "correto". O "sistema familiar" é uma abstração derivada das percepções e formulações de cada indivíduo na medida em que vão evoluindo, simultaneamente, na mente dos membros da família e dos terapeutas, enquanto dialogam (Anderson et al., 1987).

A terapia familiar sistêmica procura possibilitar à família se *autodefinir* de modo tal que faça sentido para todos os seus membros. Os dados obtidos, por técnicas como perguntas circulares e reflexivas, ajudam cada pessoa a se ver mais claramente em relação às demais. Elas utilizam esses dados para construírem juntas uma redefinição do sistema familiar que englobe as descrições de cada um. O que se espera, assim, é que ao término de um período de terapia familiar sistêmica, se cada membro individualmente fosse participar de um psicodrama, representaria um quadro familiar mais parecido com o dos outros membros do que faria antes do processo de terapia familiar.

Claro que isso é o ideal, ou seja, os familiares se darem conta das concepções compartilhadas a respeito de como a família deve funcionar e então interpretarem as atitudes e o comportamento uns dos outros com base em suas crenças. Tais sistemas de crenças, porém, não são estáticos; na medida em que são reconhecidas e explicitadas no diálogo, as configurações de crença compartilhadas evoluem, conforme os familiares vão procurando incorporar as diferentes idéias uns dos outros em um padrão de significados mais abrangente. Da mesma forma que uma "figura", em psicologia da gestalt, as crenças nunca se mantêm as mesmas; conforme são percebidas, fundem-se no solo do qual emergiram e são substituídas na percepção do sujeito mediante diferentes imagens.

Para que um sistema familiar sobreviva e se desenvolva, é preciso que tanto acesse como utilize informações sobre o sistema social mais amplo do qual faz parte, que está também sujeito a mudanças.

A fronteira familiar é permeável, até certo ponto, mas a entrada, o crescimento e a separação ou a morte são inevitáveis. Na medida em que uma família evolui, com o passar do tempo, as crenças mudam para acomodar as transições do ciclo da vida e as vicissitudes da sociedade ao seu redor. Além disso, seus membros, ao se adaptarem à vida fora da família, se tornam cada vez mais diferenciados das crenças familiares originais. Se as pessoas se percebessem em suas relações fora da família da mesma forma como o fazem no contexto familiar, é provável que nem elas nem suas famílias pudessem se desenvolver adequadamente. Se os membros compartilham e aceitam mutuamente o desenvolvimento individual, podem evoluir juntos com idéias relativamente congruentes; se são capazes de aceitar diferenças e ainda permanecer ligados, não têm de separar sua individualidade da vida familiar, e os demais membros também desenvolvem sua própria autonomia.

O que é importante é a unidade (e não a uniformidade) que permita diferenças. O modelo de família ideal, para os terapeutas sistêmicos, inclui uma crença compartilhada a respeito do permitir ou encorajar a individualidade, dentro de uma estrutura básica de pessoas que fazem parte do grupo mas têm suas diferenças. Chamo isso metaconvicção dos terapeutas sistêmicos: a idéia de que os membros da família podem ser diferentes e ter crenças diferentes, mas ainda assim estão conectados, ligados, ou "pertencem" uns aos outros de algum modo.

Se a terapia familiar sistêmica procura evitar as limitações do tratar apenas um membro, em lugar da família como um todo, o psicodrama individual que aborda problemas familiares poderia parecer uma contradição. Ambos os métodos, porém, promovem a modificação do ego. Assim, ainda que o psicodrama tenha tudo a ver com a individualidade, é também uma atividade de grupo e se baseia no que há de comum entre as pessoas. Na realidade, é a própria estrutura de um grupo de psicodrama e suas regras que possibilitam a uma pessoa encontrar sua própria individualidade[*]. Nossos egos se constituem no âmbito de uma relação, estando nós em grupos, familiares ou não: é pelo processo de interação que nos desenvolvemos e nos percebemos como indivíduos. Além disso, só podemos compreender as diferenças se também houver semelhanças em relação às quais as diferenças possam ser destacadas (Agazarian, 1993). Nós crescemos como famílias e indivíduos tanto pela identificação como pela diferenciação.

O psicodrama

Além de apresentar o drama no palco, o psicodrama evidencia a qualidade dramática da interação humana em geral, pela forma como as pessoas se relacionam e refletem sobre suas trocas. (Ao longo do livro, me refiro ao psicodrama sempre em um contexto clínico, em sua utilização direta com o objetivo de elucidar e solucionar problemas relacionados a situações familiares presentes ou passadas.) Na vida, quando nos relacionamos em situações concretas, estamos o tempo todo nos envolvendo dramaticamente uns

---

[*] Utilizo "ele", ao longo do texto, como pronome masculino e feminino ao mesmo tempo, com o intuito de manter o texto tão claro e organizado quanto possível.

com os outros. Nossas narrativas pessoais versam sobre novidades, não sobre rotinas. As histórias implicam a interrupção de rotinas (Johnstone, 1979). O que se faz significativo e interessante é o modo como ocorrem as conexões entre eventos que poderiam ser triviais ou previsíveis. As histórias de nossa vida falam da interação entre o previsível e o inusitado, a matéria-prima da comédia e da tragédia. As esperanças se desvanecem ou então são alcançadas, apesar dos obstáculos. Todos somos dramáticos, uma vez que pensamos sobre nós mesmos em termos dramáticos; sabemos que estamos sendo observados ou testados pelas pessoas com quem interagimos (Brittan, 1973). Juntos, cada um de nós conspira para criar na vida nossos próprios papéis de vítima e tirano, perdedor e vencedor, e assim por diante. Essa é também a linguagem do drama que vai para o palco.

A psicoterapia analítica é um diálogo. Para algumas pessoas é suficiente para encontrar significados, acessar sentimentos e relacioná-los a pensamentos. Outras pessoas precisam também da ação; elas se expressam de forma não-verbal tanto para "mostrar" como também "contar". Os gestos cotidianos indicam como nos expressamos em movimento, temporal e espacialmente. Como pianista amador, tenho claro para mim que a música da qual "me lembro" não está "em minha cabeça" de tal forma que possa ser escrita; ela é relembrada na medida em que uso minhas mãos. Sem o movimento das mãos no teclado, não saberia sequer que me lembrava dos detalhes da música. Assim, pela ação eu tanto aprendo com base em mim mesmo como também a respeito de mim.

Além disso, com a ação eu posso colocar uma narrativa num quadro de referência sem ter de contextualizar minha fala com explicações adicionais. A ação pode situar as palavras em uma estrutura que dispensa o uso de mais palavras, como metadiálogo. Pelo contrário, as palavras podem ser o indicador para a ação: se o conteúdo de uma narrativa forem palavras, então a ação é o processo e vice-versa. No drama, o indicador do contexto e o próprio contexto ocorrem simultaneamente, com uma imediação que produz um impacto tanto nos atores quanto nos observadores.

O movimento também muda as circunstâncias do ator como observador de si mesmo. Como o pianista ouve sua própria música enquanto seus dedos trabalham, o ator se percebe a si mesmo enquanto age. À medida que ele vê a mesma cena de formas diferentes, conforme muda de posição, ele tem novas percepções a respeito dos outros que estão no palco.

Há diferenças importantes entre o psicodrama e a terapia de família. O psicodrama é normalmente uma atividade de terapia grupal que envolve pessoas que não se conhecem, embora o tema abordado seja muito freqüentemente a família. A terapia familiar envolve pessoas que já pertencem a um grupo humano bem organizado e estabelecido a longo prazo. As implicações dessa diferença são consideráveis. Um protagonista nunca se expressaria em um grupo familiar do modo como o faz no palco psicodramático, onde tem liberdade para se apresentar sem ser constrangido pelos outros membros da família; ele não tem de levar em conta nem se responsabilizar pelos sentimentos dessas pessoas, pode voltar ao seio familiar sem que eles saibam o que se passou.

Até mesmo na ausência de membros da família, ele está ainda sujeito a significativas restrições relacionadas à influência familiar sobre ele; tais restrições parecem ser experimentadas em grande parte como se viessem do seu próprio interior, isso quando ele as percebe. O psicodrama pode ajudá-lo a encarar as limitações que ele se impõe. Ele explora o sistema familiar por ele interiorizado (Holmes, 1992; Laing, 1967).

O psicodrama é um método por excelência tanto de identificação como de diferenciação. A primeira fase é denominada "aquecimento" e consiste em procedimentos grupais simples que permitem aos membros do grupo estabelecer contato uns com os outros. Eles compartilham o sentimento de estarem juntos na medida em que se dão conta de suas semelhanças e diferenças. Podem-se encorajar os subgrupos, com a finalidade de realçar as áreas comuns de interesse, energia ou sentimentos (Figura 1). Podem-se então comparar as diferenças entre os diversos subgrupos (Agazarian, 1993). Finalmente emergem um tema grupal, que se torna o tópico central da ação psicodramática, e a escolha do protagonista para a fase seguinte.

A ação dramática evoca identificação, seja na "vida", seja no palco. O ator precisa estar em sintonia com a platéia que, em troca, se coloca no lugar do ator. A ação no palco permite a máxima identificação entre atores e platéia, e vice-versa. Os espectadores percebem sua afinidade com o ódio que a vítima sente pelo algoz, e se envolvem na disputa entre os combatentes. Os atores, por outro lado, estão atentos ao envolvimento emocional dos espectadores. O "palco" não está necessariamente no teatro, ele pode ser um evento esportivo, um campeonato de xadrez ou até mesmo um cenário em frente de uma pia de cozinha. Porém, onde quer que o drama real aconteça, o processo segue certos padrões universais, por exemplo, competições nas quais há vencedores e perdedores. A diferença em relação ao teatro é que o resultado antecedeu a ação.

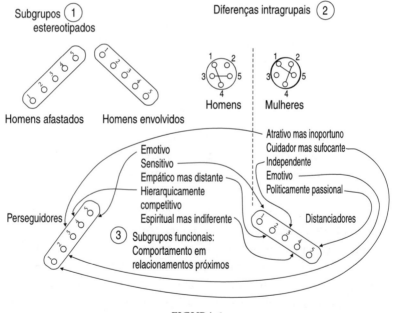

FIGURA 1

Uma sessão de psicodrama é normalmente uma história, e assim tem começo, meio e fim. Não segue um roteiro e, diferentemente de uma peça teatral, o fim não é conhecido por ninguém até que seja alcançado. Rompem-se padrões estabelecidos. A história é o que o protagonista traz. Evolui conforme o que acontece no palco. Nada é organizado ou planejado com antecedência. O protagonista normalmente tem uma idéia geral do que quer fazer, mas nem ele nem nenhum outro sabe como serão vividas as cenas e como as pessoas responderão, até que os episódios realmente aconteçam.

Isso não significa que não haja uma estrutura. Há um processo psicodramático que o diretor segue para permitir ao protagonista encontrar sua maneira de contar a história. O diretor tem técnicas e regras que permitem ao protagonista retratar os papéis exigidos e então, ao representá-los, sentir, agir e pensar. A percepção e a compreensão são proporcionadas pela integração da experiência compartilhada com os demais membros do grupo.

O psicodrama como terapia sistêmica

A primeira função do diretor é estabelecer os limites de tempo e espaço (Figura 2). Há um palco, um lugar para a ação. Há um grupo. Há um contexto geral, uma expectativa de ação dramática no grupo. Há uma sucessão de fases: o aquecimento, a dramatização e a finalização com o compartilhamento.

Quanto ao espaço, o diretor trabalha com uma fronteira permeável entre os que estão no palco e os demais membros do grupo. Ele escolhe pessoas para participar das cenas e fica atento à reação do grupo durante a dramatização; a platéia participa ativamente e o diretor aproveita suas contribuições. Sem uma platéia – real ou implícita – como testemunha da ação, não há drama.

Durante a dramatização, o diretor ajuda o protagonista a fazer uso do tempo e do espaço, na escolha do cenário e no iniciar e encerrar cenas individuais. Ele orienta as cenas de modo que elas ocorram no presente, embora possam representar o passado, um futuro hipotético, uma situação "fictícia" ou uma cena impossível (chamada "realidade suplementar"). Inicialmente, as cenas podem retratar o que "realmente" aconteceu; depois, porém, o diretor está mais interessado no que não aconteceu mas poderia ou deveria ter acontecido.

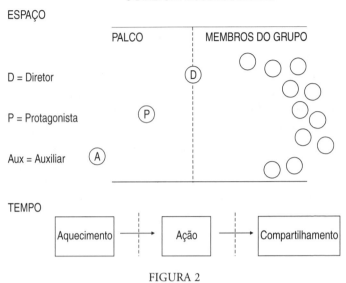

FIGURA 2

O diretor estimula os membros do grupo a agir como "auxiliares" e assumir os papéis que representam aspectos da vida do protagonista, dentro ou fora dos limites do que é individual. Embora geralmente escolhidos pelo protagonista, os auxiliares são considerados ferramentas do diretor para ajudar o protagonista a se expressar. Eles representam as pessoas significativas na vida do protagonista, com quem ele desenvolve seu drama. Por exemplo, a cena pode começar com colegas de trabalho e então evoluir para uma cena com familiares, em que pode ser encontrado um conflito básico não resolvido, do mesmo padrão. As semelhanças são explicitadas e o protagonista tem a oportunidade de trabalhar o drama original, alcançando uma conclusão mais satisfatória. Mediante essa experiência e o processo de lutar com suas forças internas, que até então estavam desconectadas de sua consciência, ele ganha percepção e se fortalece. Isso ocorre quando ele externaliza e "enxerga" seus conflitos, podendo então confrontá-los, o que até aquele momento havia tentado em vão. Normalmente esses padrões de conflito foram internalizados durante as primeiras fases do convívio familiar.

Os auxiliares são dessa forma manifestações do mundo interno do protagonista. O drama normalmente começa com uma representação externa de uma luta repetitiva e não resolvida dentro do protagonista; ao externalizá-la e ter contato direto com ela, ele pode modificá-la. Alterando o que está manifesto, o protagonista também é modificado interiormente, uma vez que enfrenta seus conflitos engajando-se neles.

O diretor possibilita isso ao ajudar o protagonista a invocar os personagens de sua história e lhe permitir encontrar-se com eles de um modo que até então não parecia possível ou desejável. O diretor é um mágico que cria possibilidades. Ao protagonista são oferecidas escolhas o tempo todo. No palco psicodramático tudo e qualquer coisa é possível. O tempo pode fluir em qualquer direção ou velocidade. Pode ser comprimido ou interrompido a qualquer momento. O espaço pode ser diminuído ou ampliado e pode ser ocupado com qualquer coisa, desde a própria imaginação do protagonista até a maneira como ele percebe o mundo externo. Pela exploração de metáforas, feita pelo diretor, qualquer coisa pode representar qualquer outra coisa e, pelo processo denominado "concretização", idéias ou imagens podem ser colocadas em dimensões espaciais na forma de objetos ou pessoas no palco.

O protagonista deve perceber e reconhecer novas possibilidades ao mesmo tempo que também tem de aprender a aceitar as impossibilidades. Ele tem de fazer as escolhas. O diretor mostra o que é concebível. O protagonista tem de explorar e entender antes de poder escolher e tem de escolher por si mesmo. Para realizar algo até então considerado impossível ou indesejável, ele tem de ver as coisas de um modo novo. Isso acontece pela dramatização. Em vez de aceitar passivamente o que lhe é apresentado, ele age e inventa, criando ativamente o seu próprio drama. Com espontaneidade, ele deseja enquanto se movimenta, e descobre enquanto explora. Ou seja, na ação dramática ele se modifica enquanto experimenta. A atitude mental e a corporal se tornam uma.

Para que o protagonista veja novas possibilidades, o diretor emprega (além de vários outros procedimentos secundários) certas técnicas básicas que incluem os outros membros do grupo como "egos-auxiliares". Estes constituem as ferramentas do diretor, usadas para representar outras pessoas na dramatização ou partes do ego do paciente (real ou imaginário). O protagonista, além de se apresentar (como ele é, era, deveria ter sido, deseja ser etc.) (Figura 3), também entra no papel das outras personagens do drama no momento em que as apresenta ao grupo. Os membros do grupo, escolhidos pelo protagonista, tornam-se então os auxiliares, assumindo os papéis das pessoas retratadas (Figura 4). Nesses papéis, cada auxiliar se comportará da forma como lhe parecer natural como membro do grupo; o protagonista ou o diretor podem corrigir um auxiliar, se o papel não for suficientemente autêntico.

Assim como outras pessoas em cena, o diretor pode sugerir que o protagonista tenha um "dublê", que se coloque atrás dele e expresse em palavras o que o protagonista possa estar sentindo, mas para o que não esteja encontrando uma expressão verbal (Figura 5). O protagonista tem a oportunidade de modificar ou negar o que o dublê disser, mas este acrescenta possibilidades. O dublê, que é auxiliar do protagonista, pode se distanciar um pouco da ação e pensar em voz alta ao mesmo tempo que o protagonista está agindo ou falando; esses papéis podem se alternar, de forma que o dublê pode agir ou falar enquanto o protagonista pensa.

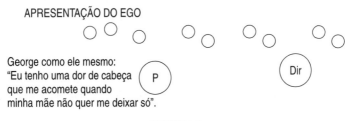

FIGURA 3

Em outra técnica, o protagonista sai da cena para vê-la a distância, enquanto um auxiliar – chamado "espelho" – representa o protagonista (Figura 6). Este pode, assim, se perceber e refletir, fazer comentários ou falar com o espelho. A mudança de perspectiva permite ao protagonista discernir mais possibilidades ou opções para dar prosseguimento à cena. Essa interação com o espelho evidencia a característica da dramatização como reflexo (Hollanda 1977). O ator no palco, tipificando o aspecto dramático da condição humana, leva a platéia (real ou imaginária) em consideração enquanto encena; com o "espelho", o sujeito literalmente sai do seu papel, como se voltasse à platéia para visualizar sua própria situação.

APRESENTAÇÃO DA MÃE

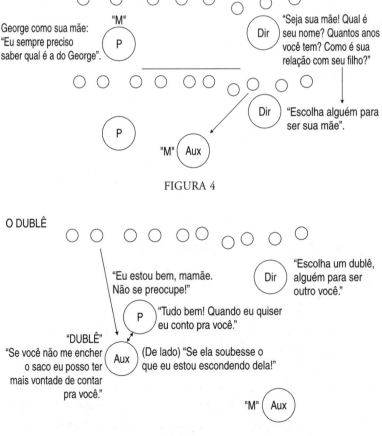

FIGURA 4

O DUBLÊ

FIGURA 5

A mais poderosa de todas as técnicas à disposição do diretor é a inversão de papéis. O protagonista e um auxiliar trocam seus papéis (Figura 7). No papel do auxiliar, o protagonista interage com o protagonista representado pelo auxiliar. O protagonista, então, se vê através dos olhos do auxiliar e ao mesmo tempo se põe no lugar dele. Normalmente, essa inversão de papéis é repetida várias vezes. Entre suas muitas funções – o próprio movimento intensifica a interação – evoca o relacionamento desconhecido e talvez não correspondido entre o protagonista como sujeito e o outro também como sujeito. Em outras palavras, evidencia a percepção da outra pessoa, pelo protagonista, como um ser subjetivo. Na expressão de Buber (Inger, 1993), a relação "eu–tu", interiorizada pelo protagonista, é concretizada no momento em que é representada no palco.

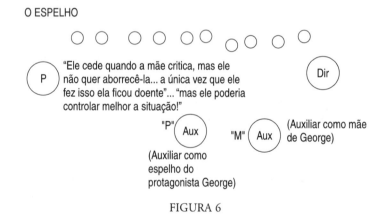

FIGURA 6

A inversão de papéis também explicita a relação do protagonista com seus próprios egos, o subjetivo e o objetivo. O protagonista não só é sujeito mas também objeto da sua própria subjetividade observadora. Em outras palavras, segundo o papel de outra pessoa ele não só se envolve consigo mesmo, mas também percebe como se relaciona consigo mesmo como objeto. Na inversão de papéis o protagonista, no papel de outra pessoa, se percebe tanto como um objeto do olhar do outro (um "isso") quanto como um "tu" da outra pessoa. Assim, na inversão de papéis o protagonista, pela interação com os outros, toma conhecimento de sua relação consigo mesmo. Por exemplo, seu próprio *self* pode ter sido considerado uma divisão entre uma mente ativamente observadora e um corpo passivamente experimentador. Há muitas outras divisões conceituais possíveis desse tipo.

A idéia errônea de que o *self* seja uma unidade que opera sob o controle de, ou em relação direta com, o "eu" (ou "ego"), foi revista recentemente por Symington (1993), que descreve como algumas das "personalidades internas" ou partes do *self* podem ser fontes relativamente independentes de ação. O corpo propriamente dito, porém, é em geral considerado uma "coisa" ou um "isso" (Laing, 1959).

INVERSÃO DE PAPÉIS

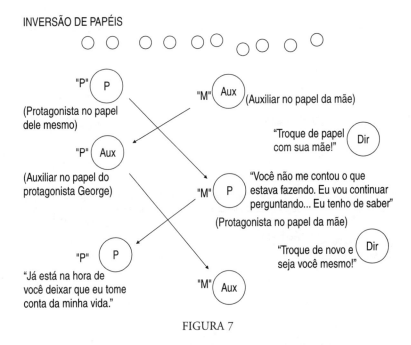

FIGURA 7

Uma das características interessantes da inversão de papéis é que uma cadeira ou um auxiliar podem ser usados para representar o corpo, a personalidade, uma parte do corpo ou do *self*; se o protagonista inverte papéis com seu "corpo" (representado pela cadeira ou pelo auxiliar), ele descobre que, como "corpo", pode falar "consigo". Em outras palavras, identifica-se com as pessoas e as partes de si mesmo por ele invocadas, e quando expostas no palco tais partes podem dialogar entre si.

"Corpo e mente", por exemplo, são algumas vezes considerados uma dualidade, mas na inversão de papéis eles operam de forma complementar (Keeney, 1983). De fato, a pessoa do protagonista é mais do que a soma de corpo e mente: a inversão de papéis pode ser vista como uma cibernética de segunda ordem. Não é por acaso que a inversão de papéis é considerada o "motor", a casa-de-máquinas, a força motriz do psicodrama. A interação se torna mais concentrada e dinâmica quando se processa a inversão de papéis. O diálogo se torna mais acurado e o conteúdo mais específico.

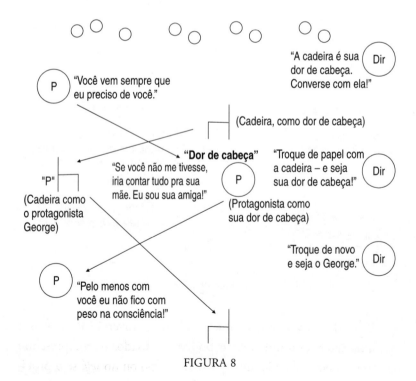

FIGURA 8

O diretor de psicodrama como operador sistêmico

A abordagem psicodramática é, por si só, um método terapêutico eficaz, mas é a maneira como o diretor usa suas técnicas que fazem dela, de fato, um método eficiente. Algumas vezes a cena pode se desenrolar com o próprio protagonista organizando o cenário, introduzindo os auxiliares e invertendo papéis com eles à medida que o diálogo se desenvolve; o protagonista, por iniciativa própria, usa o método para explorar o que precisa descobrir e para completar o que está inacabado. Normalmente o protagonista se perde em determinado ponto.

Primeiro, ele descobre que é muito difícil ser protagonista e, ao mesmo tempo, negociar com os outros membros do grupo. A essência da dramatização é que uma pessoa possa agir e falar sem ter de comentar ou qualificar o que está sendo dito; é geralmente preferível não ter de se engajar num metadiálogo. Além disso, a posição do protagonista no grupo é tal que ele não pode ocupar concomitantemente o papel de diretor; o papel de protagonista exige que ele fique livre para abrir mão do controle.

Em segundo lugar, o psicodrama se interessa tanto pelo que não aconteceu ou não acontece quanto pelo que de fato aconteceu ou acontece na vida. O protagonista precisa de outros olhos que enxerguem o que escapa aos seus.

O diretor, portanto, conduz a ação. Ele a interrompe. Ele a amplia. Conecta o que parece estar separado. Além disso, como um operador sistêmico de fato, ele encontra semelhanças no que é aparentemente diferente e diferenças entre o que parece igual, seja em aspectos específicos da ação, por exemplo a simetria do diálogo, quanto em relação ao quadro geral do drama, em que ele pode, por exemplo, observar o mesmo padrão (um padrão isomórfico) na cena atual do ambiente de trabalho e um incidente familiar na infância.

Ao interromper a ação, questionar o protagonista, os auxiliares e o grupo, o diretor é visto claramente como o controlador do processo. Poder-se-ia pensar que dificilmente o protagonista encontraria sua individualidade sob tais circunstâncias. É, no entanto, o controle do diretor que permite ao protagonista perceber os obstáculos que estão dentro de si ou colocados sobre seus ombros, obstáculos antes ocultos, que o impedem de ver, escolher e agir. O significado da palavra "controle" é uma construção social.

No pensamento sistêmico, a noção de controle físico de um ser vivo sobre outro não é considerada útil quando se refere a uma pessoa "fazendo" a outra pensar, sentir ou fazer algo. A maneira como um organismo responde aos estímulos é determinada por sua própria estrutura (Maturana & Varela, 1980). Um protagonista pode reagir à informação se ela for apresentada de forma que lhe seja significativa, mas depende dele se vai ou não reagir ou como ele fará isso. O diretor, de fato, "controla" apenas o que ele mesmo faz ou diz. Seu "poder" vem da posição que lhe é conferida pelo grupo, papel esse que inclui uma atitude de observação (Maturana & Varela, 1980). Ele é o único que pode se movimentar pelo palco independentemente da ação dos auxiliares. O grupo o investe do papel de observador em movimento. O diretor pode escolher o ponto a partir do qual observar. Além disso, ele pode evocar outras observações de qualquer pessoa no grupo ou no palco.

Se as observações são feitas com base nas diferenças, então o diretor também procura novos pontos de vista segundo os quais possa descobrir tais diferenças. Em outras palavras, ele é também um "meta-observador" de diferenças. Ele cria condições para o *feedback*. Na medida em que o protagonista e o grupo, juntos, adquirem novas informações com base em novas fontes de *feedback*, eles evoluem para um sistema mais autocorretivo. É, portanto, o protagonista, sob as condições do sistema desse grupo, que faz suas próprias conexões e descobre seu próprio significado. O diretor o ajuda a encontrar as pistas.

O diretor também ajuda a tornar possível todo esse processo. Com a permissão e cooperação do grupo, cria as condições para o psicodrama. Ele também "define o contexto" (Boscolo et al., 1985) ao pontuar a ação. Decide quando apresentar mais escolhas ao protagonista ou quando ajudá-lo a perceber que ele está evitando uma escolha ou o compromisso com uma escolha.

Sempre que o diretor interrompe a ação, ele está fazendo uma intervenção. Ele conversa com o protagonista, com um auxiliar ou talvez com o grupo, pedindo comentários da parte do sistema observador. Uma parte da ação pode ser repetida, talvez de forma diferente (pode-se argumentar que numa repetição não haverá uma exata réplica; haverá alguma diferença que pode ser usada como um recurso). Pode-se perguntar ao protagonista sobre o que está experimentando, o que ele quer da cena e o que está faltando. O protagonista também pode parar a qualquer momento para comentar ou falar, assim como os auxiliares. O solilóquio, como recurso teatral, é também bastante eficaz. Não apenas comunica pensamentos "privativos" ao grupo; fornece também tempo e espaço para que o protagonista reflita durante o desenrolar da cena ou da conversa.

É no uso de metáforas que o diretor é mais criativo. Como já dissemos, no palco qualquer coisa pode representar qualquer coisa. Sempre que possível se utilizam os símbolos do próprio protagonista; freqüentemente eles apontam para a essência do psicodrama. Por exemplo, um protagonista pode se sentir "encurralado" no trabalho. Mais tarde outro "curral" pode ser encontrado na vida familiar ou na experiência da infância. O curral é representado por cadeiras ou pessoas. Esse é um caso em que o diretor usa a concretização para tornar tangível o que é abstrato. O protagonista pode conversar com o curral, inverter papel e ter contato físico com ele. Caso o curral represente pessoas específicas, os auxiliares podem representá-las enquanto protagonista as enfrenta, usando sua força física, para entrar em contato com sentimentos até então trancafiados dentro de si ou talvez desconhecidos até o momento.

Há outra propriedade fundamental do psicodrama que vai às raízes do relacionamento entre famílias, religião e Estado. Quando comecei, vagarosamente, a me envolver com o psicodrama, a atração particular que ele exerceu sobre mim foi sua aparente universalidade, seu apelo àquilo que diz respeito às pessoas, e a força decorrente de sua vitalidade e intensidade para manter a imaginação das pessoas num nível profundo. Como a pregação de John Wesley ou a retórica do apóstolo Paulo ou de Martin Luther King, que conseguiam tocar os corações e mover os espíritos de homens e mulheres. O segredo era a importância do drama e suas origens na Grécia antiga.

Platão não era entusiasta do drama por causa das emoções impróprias por ele provocadas nos atores de papéis desprezíveis e por causa das paixões menores que causava nos espectadores. O drama era criticado por não ser realista. Outros, entretanto, percebiam que era exatamente a ambigüidade entre o "como se" e o "real" (o jogo das diferenças!) que atraía as pessoas ao drama. Acredita-se que o drama grego tenha começado com o primeiro júri popular, que julgava Orestes pelo assassinato de Clytemnestra, sua mãe (é possível que uma "cena de tribunal" tenha sido a cena arquetípica!). Em vez de permitir que Orestes fosse punido pelo vingativo Furies, o Estado assumiu a responsabilidade de lidar com a punição pelo homicídio. A desforra individual e familiar foi substituída pela administração social da justiça. As primeiras peças teatrais versavam sobre disputas entre o certo e o errado, responsabilidades e injustiças.

É interessante relembrar a trajetória histórica de uma "cena de tribunal" (uma estratégia do psicodrama moderno), em que se oferece ao protagonista o poder de punir seu adversário. Isso acontece com muita freqüência quando o protagonista é um adulto vítima de abuso na infância e está expressando sua dor diante de quem o feriu. A vingança e a desforra já não são prerrogativas de membros da família, no mundo ocidental civilizado, em que se proíbe a expressão de tais paixões e em que a justiça está nas mãos dos tribunais.

Atualmente, a mediação institucionalizada dos tribunais já não trata de assassinatos dos pais pelos filhos, com tanta freqüência; é muito mais comum que os métodos de jurisdição socialmente estabelecidos tratem do abuso de crianças por seus pais. Não são pais assassinados que permanecem sem vingança, mas crianças violentadas que precisam delegar à sociedade a punição pelos danos sofridos e, privadas de uma válvula de escape para sua raiva legítima, têm também negado o direito de superar sua mágoa.

O contexto do psicodrama clínico

Apesar da universalidade do engajamento dramático, o psicodrama não é considerado a última palavra em terapia para todos. A terapia familiar tem questionado o tratamento isolado do "paciente identificado", que é o bode expiatório ou o depositário dos sintomas do restante da família. O psicodrama pode ser, em geral, esclarecedor, quando o protagonista oferece dados suficientes. Mas tem de lutar contra o poder da família de superar qualquer esforço até mesmo de um indivíduo perceptivo e motivado para se diferenciar. Especialmente se o paciente mantiver constante contato com ela. Além disso, a reciprocidade entre o protagonista e os demais membros da família pode incluir um pedido de ajuda para o ajustamento a um padrão de relacionamentos que está mudando. Tanto abrangência quanto profundidade são necessárias, diante da necessidade de modificar a universalidade do psicodrama tendo como quadro de referência sistêmico a terapia familiar.

Em Guernsey, onde trabalho, tenho autonomia para atuar de forma não convencional como psiquiatra clínico de adultos. A ilha tem uma população bastante limitada, o que permite estabelecer contato com diferentes membros da família ou fazer um acompanhamento por tempo prolongado. Outra característica do trabalho em um ambiente bem definido e de pequenas proporções é que há menos níveis hierárquicos no sistema terapêutico. Isso me possibilita trabalhar em e com base em várias situações: na casa da família, no atendimento individual, com uma equipe multidisciplinar num setor específico, em terapia de grupo e psicodrama, com tribunais e entidades sociais, com médicos no hospital, com médicos de família, instituições de caridade e, ocasionalmente, no ambiente político. Telfner (1991) discute o significado do fazer escolhas, em termos do campo de observação, na área da saúde mental.

Trabalhando nessas diversas áreas, percebi que cada nível no sistema hierárquico no qual eu atuava tinha uma exigência diferente em relação ao tempo. Se a situação demandava atenção imediata, era provavelmente na casa da família onde, por exemplo, o comissário de menores, o médico da família ou a polícia haviam sido chamados por conta de uma crise. A interação dos dois sistemas – família e instituição – requeria uma decisão rápida, já que havia pouco tempo para que todos estivessem reunidos na casa.

Também no hospital, poderia ocorrer a necessidade de uma decisão imediata, como acontece quando a equipe de enfermagem é solicitada a lidar com um paciente que de repente resolve que mudou de idéia quanto ao ser ou não paciente. Essa pessoa poderia ser forçada a ficar? Isso seria legal? Seria perigoso? O paciente correria algum risco se deixasse o hospital? São decisões importantes, com pouco tempo para reflexão ou diálogo a respeito elas.

Infelizmente, tais momentos muitas vezes condensam em um período muito curto de tempo a essência do problema que exige a internação do paciente. É possível que o paciente estivesse tentando determinar o momento e o tempo necessário para uma tomada de decisão. A equipe se sentia responsável mas o paciente estava determinando a agenda e exigindo uma ação – em outras palavras, uma decisão. (Para uma exposição sistêmica desse dilema envolvendo a internação, ver Mason, 1989.)

Essa hierarquia incongruente pode ter resultado de uma falha anterior na negociação com o paciente (e possivelmente com sua família ou entidade que o encaminhou) de um acordo a respeito de sua internação. Problemas "urgentes" desse tipo parecem não ocorrer quando o motivo da internação é acordado entre a equipe, o paciente, a família e a instituição que o encaminhou; nesse caso, todos têm o mesmo plano, ou seja, estão buscando, esperançosamente, o mesmo tipo de solução (de Shazer, 1991). É claro que, como regra, os objetivos não são idênticos; na verdade, é geralmente o motivo do "problema", em primeiro lugar, que necessita da internação hospitalar.

Essas "emergências" tendem a ocorrer quando há uma quebra no plano, na medida em que o paciente dispara o alarme e a cadeia hierárquica do controle rompe-se no seu ponto mais fraco (Bateson, 1979). O que tende a acontecer é que ou o paciente "escapa" ou o peso da autoridade médica e institucional se impõe pela medicação "pesada" e por dispositivos da legislação de saúde mental. A hierarquia incongruente é então corrigida e a equipe profissional está novamente encarregada da questão do tempo! Nesse caso, a terceira parte que exige uma decisão a respeito da internação não é um policial, um assistente social de crianças ou um médico da família, como foi no exemplo da casa. Nessa ocasião é a lei que determina que um paciente seja liberado ou mantido sob controle; é uma operação digital binária, que não pode permitir liberdade e controle ao mesmo tempo.

Incidentes como esse são percebidos de diferentes formas, de acordo com a perspectiva da qual sejam observados, tendo cada uma seu valor. Um professor de um hospital-escola universitário, falando sobre um caso, num congresso, pode ser capaz de enquadrar o episódio numa perspectiva médica mais ampla do que um enfermeiro ou o próprio paciente. Há, entretanto, uma relação entre o nível hierárquico segundo o qual os problemas são definidos e a maneira pela qual um modelo médico é aplicado. De modo geral, o paciente é classificado de acordo com a maneira pela qual seu estado mental ou comportamento coincidem, conceitualmente, com aquele de outros grupos de pacientes.

Do ponto de vista mais próximo da interação entre paciente e enfermagem, há uma maneira diferente de conceitualizar o evento: os pacientes em situações como a descrita geralmente desejam, ao mesmo tempo, ficar e ir embora. Esse caso não está previsto na legislação e é somente o modelo médico que acomoda uma pessoa que expressa um comportamento sincronicamente contraditório: o paciente é descrito como doente!

Se, no entanto, os diferentes pontos de vista puderem ser coordenados, então pode haver uma forma de conceitualizar o fenômeno, fundindo-se as várias perspectivas em uma visão mais abrangente e, mais do que isso, que seja mais do que a soma de suas partes, semelhante à imagem tridimensional obtida pela visão binocular (Bateson, 1979).

Se ocorre de o paciente que recebeu em sua casa o médico, o comissário de menores ou o policial, ser o mesmo do incidente no hospital, e se houve uma testemunha de ambos os episódios, nesse caso, o problema poderia ser encaminhado de forma que conecte os dois eventos. Por exemplo, posso conversar com a família e o médico que a atende em casa e descobrir que a dificuldade de internar uma paciente decorre de seu comportamento, que sugere que ela quer e não quer ser internada, ao mesmo tempo.

Esse exemplo de trabalho em diferentes níveis, diante de um mesmo problema familiar, ilustra também como em uma comunidade pequena há a possibilidade de se escolher o lugar segundo o qual definir um problema ou sugerir uma ação. Normalmente, uma hierarquia em uma organização é vista como tendo uma estrutura que consiste em posições fixas permanentemente ocupadas por pessoas específicas.

Um modelo diferente é o da hierarquia de papéis que podem ser desempenhados por diferentes pessoas capazes de transitar de um papel para outro. Como psiquiatra consultor, estou no papel de diagnosticador e coordenador de um plano para o paciente. Como terapeuta de família, sento-me no sofá da sala com uma família ampliada, um amigo da família e seu médico para discutir a dificuldade de lidar adequadamente com o filho ou com os esforços fúteis do marido no sentido de controlar a esposa. Como médico "plantonista", discuto com a equipe de enfermagem a melhor forma de evitar que ela seja forçada pelo paciente a controlá-lo. Mais tarde, como psicodramista, posso ajudar a paciente a elaborar o abuso que sofreu quando criança. Esses diferentes papéis me permitem estabelecer um padrão de intervenções que se conectam (Bateson, 1979) com as várias crises na família e no hospital.

Isso nos remete ao palco psicodramático, onde o diretor, o protagonista e os membros do grupo mudam suas posições para experimentar e perceber a situação segundo diferentes perspectivas e mudam seus papéis de acordo com as demandas da cena. É o diretor que assume, com o consentimento do grupo, a autonomia para utilizar a espontaneidade do grupo e descobrir os papéis apropriados que permitem ao drama alcançar seus objetivos. Utilizando seu repertório de papéis como diretor, ele mobiliza a participação dos membros do grupo no processo de capacitar o protagonista a desenvolver sua habilidade de encontrar os papéis necessários para a ocasião. O sistema de *role-taking* na sessão psicodramática se torna autocriativo, em resposta aos dados oferecidos pela espontaneidade do diretor, que pode ser considerada uma fonte não apenas de novas informações mas de um novo estilo de interação.

O jogo fecha seu círculo. O psicodramista volta a ser psiquiatra, mas agora também alguém que procura adaptar seu ponto de observação à área do problema que tem em mãos.

2

Uma sessão psicodramática em ação

O psicodrama

O relato a seguir é o registro de uma sessão psicodramática realizada pouco antes de este capítulo ser escrito; ilustra uma série de características sistêmicas do que pode ser considerada uma sessão psicodramática "típica" ou casual. Não seria apropriado denominá-la "representativa", já que sessões de psicodrama são dificilmente comparáveis, não havendo padrão facilmente reconhecível, exceto em linhas gerais muito amplas. Para simplificar, o aquecimento não é descrito nesta narrativa (em muitas ocasiões, no entanto, sua importância para as fases posteriores pode ser considerável). As sessões de psicodrama são mais bem relatadas no tempo presente.

SUE

Aquecido o grupo, a transição para a fase da ação se dá com a escolha do protagonista. Sue, 28 anos, é escolhida, em parte porque esta pode ser sua última sessão. Essa é a primeira vez que ela é protagonista; há duas semanas ela vem sinalizando claramente seus sentimentos ambivalentes em relação ao "atuar" em um psicodrama.

Essa ambivalência, que no decorrer da sessão vai se mostrar como uma importante característica, aparece primeiro na tarefa de decidir se ela vai ser ou não uma das voluntárias. Ela diz que será a protagonista se os outros decidirem que ela "deve ser". Apesar da aparente ambigüidade, o diretor assinala que ela de fato tomou a decisão (um passo muito importante para Sue), apesar da condição que impôs. Entretanto, não fica claro se ela teria "decidido" sem o encorajamento (possivelmente expresso ou percebido como pressão) dos outros membros do grupo. A importância dessa indecisão fica clara mais tarde.

Sue diz que há quatro questões a serem trabalhadas, e quatro cadeiras são usadas para representá-las (Figura 1): seu relacionamento com os pais, sua impulsividade, seus braços cortados e um episódio com um tio quando era criança. Ela escolhe a primeira como a mais importante. Uma cena atual é rapidamente montada.

Seus pais (representados por cadeiras) estão de frente um para o outro numa mesa de jantar, tomando uma refeição. Sue está sentada entre os dois, desconfortável e se sentindo como um juiz. Pede-se então que ela se sente no lugar do pai e assuma o papel dele e, em seguida, o da mãe. Finalmente, no papel da irmã, Jenny, que se mudou de Guernsey para a Alemanha seis anos antes, ela descreve o padrão dos relacionamentos familiares (Figura 2). Ficamos sabendo que Sue também se mudou para um apartamento no ano passado. Dois membros do grupo são escolhidos para fazer o papel do pai e da mãe, e as interações são desenvolvidas com ajuda da inversão de papéis (Figura 3).

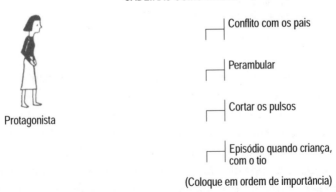

FIGURA 1

FIGURA 2

Sue e o pai gostam de conversar sobre antigüidades e ornitologia. A mãe se sente excluída da conversa (ela e o marido têm poucos interesses em comum). O pai havia preparado o prato principal. A mãe não aceita a sobremesa que Sue havia feito, mas pergunta sobre os ingredientes.

FIGURA 3

Mediante solilóquios, observamos que o pai não consegue demonstrar afeto mas que a mãe é carinhosa, sociável e atraente (Figura 4). O pai parece estar mais retraído agora que descobriu que a mãe tem saído com outro homem. A princípio Sue deixa implícito que a infelicidade de seus pais como casal é resultado de sua "doença psiquiátrica" nos últimos dez anos: a mãe estava tão preocupada com ela que procurou ajuda e conforto fora da família. Entretanto, a continuidade do diálogo, incluindo a inversão de papéis, mostra que não é bem assim: o pai e a mãe nunca combinaram quanto à expressão mútua de afeto. A decisão de se casarem foi tomada sob pressão, durante a licença que o pai tinha tirado de um emprego no exterior, temendo que a mãe se apaixonasse por outro homem. O diretor reenquadra a "doença" de Sue como algo que envolvia sua mãe a tal ponto que ela não sentia falta do afeto que nunca tinha tido do marido.

FIGURA 4

A mãe é próxima e afetuosa tanto com Sue quanto com Jenny. Sue, por ser a filha que ainda vive em Guernsey, parece ser um "árbitro": ao partilhar com o pai o interesse por antigüidades e ao envolver a mãe em seus problemas psiquiátricos, ela parece ter sido "triangulada" pelos pais.

Nessa altura, o diretor sugere que se explore um evento anterior, a fim de compreender a origem da atual preocupação. Sue traz o caso que ela teve com seu tio dos oito aos 15 anos. Ela menciona uma ocasião específica, quando tinha 13 anos; ela estava começando a desenvolver-se fisicamente naquela idade e se sentindo extremamente desconfortável quanto à sua feminilidade. O diretor, percebendo que ela tem uma cena específica em mente, sugere que o episódio seja explorado.

A cena acontece na sala de estar de sua casa, num domingo à noite. Ela está sentada no chão, sozinha. Sua família e a família do tio estão em outro cômodo da casa. O tio entra (essa é uma rotina que Sue já espera). Ele vai abusar sexualmente dela. Sue permite que seu tio seja representado por uma almofada preta (seria muito forte para ela ter um membro do grupo no papel do tio). À medida que descreve a cena, ela vai ficando tão perturbada que não consegue permanecer no papel. Pede-se a outro membro do grupo, Jill, que assuma o papel de Sue aos 13 anos de idade (essa técnica é a chamada de "espelho").

Isso permite a Sue distanciar-se da ação, a fim de continuar a descrever e observar o processo. Ela explica o que o tio começa a fazer com ela, que ela não gosta, que isso a machuca, e que ele sabe que ela está aborrecida.

Nesse momento, Sue, olhando para a cena, representada por Jill que está sentada sobre a almofada como se estivesse no colo do tio, sente-se incapaz de continuar a narrativa. Ela sente que está de volta aos seus 13 anos, assustada, enfraquecida e "má". Ela exclama: "Sally precisava estar lá!". Explica que Sally é uma pessoa que está agora "dentro" de Sue, mas não estava presente (ou Sue não tinha consciência de sua presença) quando tinha 13 anos.

O diretor não conhece Sue muito bem, mas lembra-se de ter ouvido falar que ela sofria de desordem de personalidades múltiplas. Com isso em mente, decide ver como Sue enxerga a personagem Sally. Ele pede que Sue represente o papel de Sally, como se ela estivesse na cena (Figura 5). Sally diz que ela pode ficar brava: ela cortou os braços de Sue.

O diretor sugere que Sally fale como uma parte de Sue, para que a cena fosse de Sue e não de Sally. Essa recomendação é importante também para manter um senso de integração e desencorajar uma divisão patológica. Assim, Sue é ao mesmo tempo Sue e Sally e consegue descrever a continuação da cena. Quando o espelho de Sue (Jill) deita-se no chão, a cena torna-se intensa demais até para Jill, que não consegue permanecer no papel.

O diretor precisa atender Jill e cuidar de suas compreensíveis ansiedades. Ao mesmo tempo, a cena é de Sue, não de Jill. Por isso, Sue é colocada em outro papel; o papel do *cuidador* que ela não teve aos 13 anos. Ela prontamente conforta Jill, que retornou ao papel de Sue com 13 anos. Quando perguntada sobre quem a Sue que conforta imagina que ela seja, apresenta-se que ela se imagina a mãe que não estava disponível para Sue nesse momento e dessa maneira.

Protagonista como "Sally"

Jill como "espelho" da protagonista

FIGURA 5

Protagonista descobre um papel maternal e conforta seu "espelho".

Espelho

Papel invertido

Jill, o "espelho", se transforma na mãe "boa" que conforta a protagonista.

FIGURA 6

Segue-se uma importante inversão de papéis: ao ser confortada pela mãe fictícia, interpretada por Jill (Figura 6), Sue consegue ser a adolescente assustada e perturbada. Dessa vez, Sue permite-se experimentar as ansiedades que antes tinham sido sepultadas. Esta é a catarse do psicodrama. Enquanto permanece confortada pela figura materna, Sue consegue expressar com palavras e lágrimas sua dor e sua mágoa. O diretor explica que ela precisava dessa maternagem, desse "colo", antes de poder expressar sua raiva de forma apropriada.

Sue começa a falar para sua mãe (que agora ela sente como se fosse de fato sua mãe verdadeira) que nunca teria conseguido discutir esse assunto com ela, quando precisava; sua mãe não tinha conseguido explicar o significado do sexo e da menstruação, o que deixava Sue confusa com as conversas e piadas de outras crianças na escola. Em outra inversão de papéis, Sue, no papel da mãe, explica que ela, por sua vez, não tinha sido criada de forma que ache fácil conversar abertamente sobre sexo.

Durante essa longa e íntima conversa, Sue também menciona que se sentia "má e indigna". Se ela toca qualquer pessoa de forma carinhosa, sente "dor". Pede desculpas. O diretor explica como Sue infelizmente assumiu o conceito de "maldade" que seu tio lhe impôs, acabando por *considerar-se* "má". Isso faz parte do conceito de abuso: alguém (como o tio) coloca sua "maldade" em outra pessoa, para poder sentir-se melhor.

O diretor sabe que talvez Sue precise conversar com sua mãe verdadeira, e que há dados que só ela pode oferecer. A mãe auxiliar (Jill), seguindo uma sugestão do diretor, deixa implícito que em outro momento vai conversar em particular com Sue e dizer o que ela precisa saber. Está sendo preparada uma transição para o presente, como uma prévia da possibilidade de o protagonista conversar com seus pais reais, em vez de com seus pais psicodramáticos.

Pergunta-se a Sue se ela gostaria de montar uma cena que retrate o presente, e ela escolhe estar com toda a família. Os pais auxiliares do início (além de um auxiliar que representa a irmã, Jenny) são chamados de volta para o palco. Sue quer continuar no centro, mas dessa vez para abraçá-los e mantê-los todos juntos. Ela faz isso e eles ficam de pé em um círculo fechado, por um bom tempo. É muito emocionante para todos eles, e para o grupo, enquanto ela relata como sua vida foi afetada, desde sua infância, e como ela deseja que isso mude no futuro. Ela diz que parece estar compartilhando com sua família verdadeira e que, um dia, ela pode conseguir fazer o mesmo com os membros de sua família da vida real.

A sessão é encerrada em meio a um clima de afeto, dor e tristeza, compartilhados pelos outros membros do grupo em relação à sua experiência no trabalho de auxiliares e também ao que isso representou para cada um em termos de suas próprias vidas.

Análise da sessão

A sessão psicodramática de Sue será agora analisada de acordo com seus temas constituintes, na linguagem do pensamento sistêmico.

I - MAPA E TERRITÓRIO (CENA NO PALCO – VIDA REAL)

Qualquer descrição é uma abstração, mediante um processo de códigos, diferenças que permitem a certas características marcantes ser definidas para reconhecimento pela pessoa a quem a descrição é feita. Numa cena dramática, há uma inevitável recursão entre a realidade existencial do palco e a factualidade do que está sendo representado. Há uma ambigüidade entre pessoas (ou objetos) consideradas representativas de outras pessoas (ou coisas) fora do palco e aquelas mesmas pessoas ou objetos experienciados como se fossem realmente tais pessoas, e não como simplesmente representando-as.

Os pais de Sue são representados algumas vezes por cadeiras e outras vezes por auxiliares, e de vez em quando pela própria Sue na inversão de papéis.

Isso nos leva à questão do que quer dizer experimentar algo como "real". Se qualquer "realidade" é socialmente construída, então não há nenhuma inevitável inconsistência entre o que é "real" no palco e o que "realmente" aconteceu com Sue na casa de seus pais.

A realidade do palco e a realidade da vida fora do palco são dois temas complementares. Fazendo-se diferenciações de idéias dessa forma, podem-se estabelecer conexões entre experiências e fenômenos até então separados, sem ofuscar as diferenças. Ao manter uma visão que engloba ambos os temas complementares em um relacionamento recursivo, evita-se uma divisão dualista e adota-se uma posição epistemológica que engloba ambos os temas. Na seqüência da ação, novos dados são incorporados ao modelo e o *feedback* múltiplo do diretor, do protagonista, dos atores auxiliares, bem como dos outros membros do grupo, facilita a reformatação dos temas pela oscilação dos opostos complementares tais como "Palco" – "Vida".

Pela perspectiva sistêmica, portanto, o psicodrama pode ser discutido em termos de seus vários temas complementares:

II - COMPLEMENTARIDADES RECURSIVAS

Reporto-me à definição de cibernética de primeira e segunda ordens apresentada por Keeney (1983) e por Keeney e Ross (1985), para uma detalhada descrição dos conceitos cibernéticos empregados nesta seção. Usarei o sinal

para indicar um relacionamento complementar e

para denotar um relacionamento simétrico.

1. Decisão-indecisão: o que constitui uma "decisão"?

O grupo é questionado a respeito de Sue ser ou não a protagonista da sessão. A primeira impressão é que ela não está tomando uma decisão, mas acrescenta que escolheria ser a protagonista se o grupo assim o achasse. Desse ponto de vista, ela *tomou* uma decisão: depender da decisão do grupo! Portanto, ela chega ao conceito de que ela "decidiu", mesmo que tal decisão seja de uma ordem diferente do menos complicado e incondicional "Eu quero".

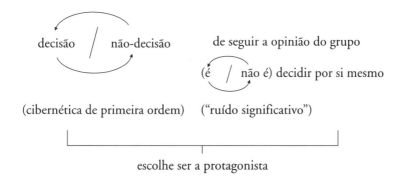

2. Cadeiras-cadeiras como pessoas: simbolização

Os objetos não correspondem totalmente a essas pessoas. As cadeiras significam (a) a idéia dos pais ou aspectos deles e (b) a posição deles diante do protagonista e um em relação ao outro, isto é, seu relacionamento. Esse emprego espacial de símbolos materiais para representar conceitos ideacionais ou significados abstratos é denominado concretização (ver Capítulo 1).

A almofada representa claramente a presença do tio, com a cor preta significando uma qualidade sinistra.

Almofada ◄─────────► Almofada como tio

Essas representações ou símbolos não são considerados apenas objetos, nem são tidos totalmente como pessoas; ao mesmo tempo que são vistos tanto como pessoas como cadeiras, também se percebe que não são apenas cadeiras nem totalmente pessoas. Visualizar a totalidade permite ambigüidade suficiente para se jogar com os dois conceitos, não apenas alternando-os no tempo mas, simultaneamente, até que todo o processo recursivo represente mais do que apenas os aspectos constituintes. O fenômeno de uma configuração permanentemente mutável é bem descrito na linguagem da psicologia da gestalt.

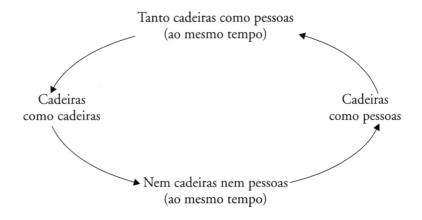

III - AS PARTES DO SISTEMA SÃO INTER-RELACIONADAS

A - Separação e conexão

Cadeiras ⟷ Temas

Cada uma das quatro cadeiras representa diferentes temas com os quais Sue quer trabalhar. A abordagem sistêmica procura ver a conexão entre fenômenos aparentemente independentes. Sue vê os temas em ordem de importância, sendo o mais relevante o primeiro que ela menciona. O diretor sugere que as questões podem ser ligadas bem como que um dos propósitos do psicodrama é tornar visíveis as conexões: seu relacionamento atual com os pais, sua disfunção alimentar, seus pulsos cortados e a situação com seu tio serão devidamente compreendidos apenas quando vistos em mútua correlação.

B - Semelhanças e diferenças

A teoria de sistemas ocupa-se em identificar e comparar as semelhanças e as diferenças observadas em dado conjunto de fenômenos.

1. Percepções de outra pessoa (a mãe vista de diferentes ângulos)

A percepção que Sue tem de sua mãe é comparada com a visão que ela, no papel do pai, tem da mãe, e como Sue experimenta estar no papel da mãe.

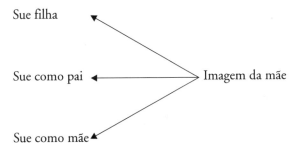

As três são diferentes: Sue como filha vê a mãe sentir-se excluída da conversa entre ela e o pai. O pai percebe a mãe rejeitando-o. A mãe sente necessidade do afeto do pai.

Isso ajuda Sue a objetivar e externar as diferentes percepções a respeito de sua mãe. Nenhuma visão exclusiva da mãe é a "correta", nem apenas uma delas. São formas diferentes de Sue enxergá-la, e ela não consegue assimilar essas impressões diferentes até que perceba como estão conectadas entre si. Essas relações são exploradas pela retomada, no psicodrama, da história do relacionamento dos pais, quando ela obtém uma nova impressão de como evoluiu a maneira de a mãe perceber o pai. Dessa forma, a visão que Sue tem da mãe começa a fazer mais sentido; ela incorpora a imagem do pai sendo rejeitado pela mãe e trocado por outro homem, com a sensação da mãe de que o pai sempre lhe negou afeto.

2. Como os outros parecem perceber alguém
(como a família de Sue parece percebê-la)

Para tentar dar sentido a fenômenos aparentemente incompatíveis, no passado, Sue atribuiu a "causa" dessas diferenças a si mesma, em particular a seus problemas psiquiátricos, supondo que a mãe se preocupou a ponto de ter um caso extraconjugal em busca de apoio e consolo.

Há outra imagem que Sue tem de si mesma: a de "juíza" ou salvadora do casamento de seus pais, a pessoa que pode manter o pai envolvido numa discussão sobre antiguidades enquanto demonstra à mãe o afeto que o pai não consegue expressar.

Aqui, então, há outra dicotomia:

Sue como juiz ◄──────► Sue como ameaça ao casamento dos pais

Isso se transforma em:

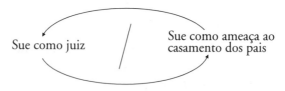

O objetivo do pensamento sistêmico é tanto reconhecer as diferentes percepções das pessoas como interligá-las. Sue, por exemplo, poderia simultaneamente ser tanto juiz como ameaça: de que forma os papéis que ela representa são definidos depende de como os três (a mãe, o pai e a própria Sue) a vêem.

Em relação à experiência e à função dos papéis sociais, há algumas expectativas de outros significativos e do próprio sujeito. Quanto mais essas expectativas se equivalem, maior é o sentido de coerência (e identidade) na experiência do *self* do sujeito. Considera-se que essas diferentes expectativas existem em um estado de fluxo contínuo:

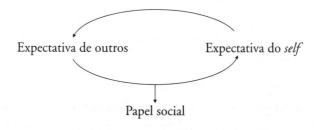

Se houver muita rigidez ou grande flutuação de expectativas num contexto familiar, pode ocorrer algum nível de disfunção familiar. Para uma ótima flexibilidade de papéis é preciso haver um grau suficiente tanto de consistência quanto de plasticidade de expectativas.

Além disso, quaisquer mudanças de expectativas que ocorram precisam ser apropriadas e recíprocas. Uma coisa é Sue considerar-se uma ameaça ao casamento dos pais, outra completamente diferente é seus pais verem-na como juiz – especialmente se essas atitudes antagônicas acontecerem ao mesmo tempo. Tais diferenças estão desconectadas, não podem ser conciliadas e resultam em uma experiência incoerente.

3. As diferentes percepções que a própria protagonista tem de si mesma

a - Self observador e espelho. Outro exemplo das diferenças na perspectiva alcançadas ao assumir vários papéis é Sue em relação ao "espelho", o papel dado a Jill. Sue pode ver-se aos 13 anos de idade e enxergar a si própria mais objetivamente; pode usar "ela" em vez de "eu". Isso lhe dá distância suficiente para descrever e observar o que está acontecendo a uma garota de 13 anos, o que a menina está experienciando e o que ela gostaria de ter feito.

Sue protagonista ◄─────────── Espelho de Sue

Ao mesmo tempo, como espelho, Jill está vivenciando o papel de sujeito. Ela, também, tem uma imagem do que está acontecendo na sala. Assume a posição da criança que se ajoelha no chão em atitude de medo antecipado. Conforme ela ouve o relato de Sue, começa a sentir-se como a própria criança e, de fato, treme muito e cai no choro.

Sue pode agora ver-se como a garota de 13 anos tremendo de medo. Enquanto ambas dão continuidade à cena, intensificam-se as recordações da experiência. O relato de uma reforça a experiência da outra até que Sue, a protagonista, faz com que o espelho (Jill) sente-se na almofada (agora o colo do tio), e o espelho, por sua vez, se encolhe ao sentir-se entregue nas mãos do algoz.

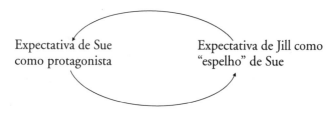

Esse é um sistema cibernético de *feedback* positivo, que se transforma numa "fuga" quando Jill, como espelho, cai no choro sem poder conter-se.

Surge agora uma área de similaridade: a identificação. O espelho Jill se transforma na própria Jill, membro do grupo, reagindo espontaneamente aos sentimentos que experimentou enquanto fazia o papel de Sue.

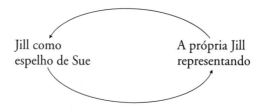

Na medida em que vai aprofundando seu papel, o espelho vai enviando à protagonista mensagens a respeito de si mesmo, como Jill. Mais adiante, quando está deitada no chão ao lado do tio, involuntariamente cai no choro porque ela, Jill, não agüenta mais (o diretor presume que Jill, também, tenha tido alguma experiência do mesmo tipo em sua própria vida; mais tarde ela confirma isso).

Agora a Jill como espelho e a própria Jill estão se fundindo na experiência de Jill. Conforme isso acontece, a protagonista Sue também se identifica mais com o espelho: Sue como sujeito observador e Sue como objeto tornam-se mais próximas uma da outra.

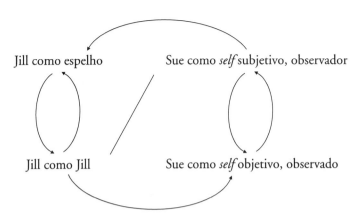

b - Self *subjetivo (como uma garota de 13 anos) depois de inverter papéis com o espelho*. Depois que Sue representou o papel da mãe que nunca teve e confrontou-se no espelho com a garota de 13 anos representada por Jill, o diretor lhe pede que represente a Sue de 13 anos enquanto Jill faz a "boa" mãe. Isso proporciona a Sue uma experiência direta consigo mesma como a criança abusada que precisava da mãe (nessa sessão teria sido doloroso demais colocar Sue imediatamente representando a garota de 13 anos como sujeito).

Esse processo é ilustrado no diagrama a seguir, onde as letras entre aspas referem-se aos papéis e as que estão nos círculos indicam se é o protagonista ou o auxiliar que está representando o papel:

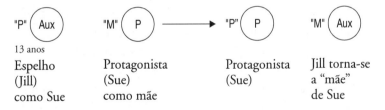

Sue pode comparar a diferença entre a situação como foi e a que poderia ter sido. No lugar de uma mãe incapaz de tratar de questões sexuais, há uma mãe que pode lidar com o assunto e apoiar Sue. A inversão de papéis continua, com a protagonista alternando-se entre a garota de 13 anos e a mãe que dá apoio.

Self *subjetivo em um papel recém-criado ("mãe boa")*. Outro aspecto dessa inversão de papéis é a própria criação de Sue, uma mãe confortadora. Quando Jill cai em prantos, Sue espontaneamente assume um papel de apoio, que ela vai desenvolvendo à medida que a cena se desenrola. Não se trata apenas de uma nova experiência para Sue, mas também de um novo desenvolvimento de seu *self*; ela se torna um agente da ação. Esse momento é decisivo tanto para a sessão psicodramática quanto para Sue. Ao se tornar mais atuante no papel da mãe, faz o mesmo quando representa seu próprio papel como garota, na medida em que prossegue o processo de inversão de papéis.

4. Como foi/Como poderia ter sido

Há ainda outro efeito da inversão de papéis nesse momento. Conforme se torna mais claramente definida a diferença entre a mãe que Sue precisava e a mãe que traz em sua memória, acontece o mesmo com a compreensão da protagonista. Ela tem uma visão mais clara da dificuldade de sua mãe em lidar com questões sexuais. Ninguém havia instruído a mãe quando criança, por isso ela tinha dificuldade em conversar com Sue sobre menstruação etc. Enxergar isso ajuda Sue a aceitar a dificuldade da mãe; Sue começa a pensar sobre a possibilidade de conversar com a mãe.

5. Como é/Como pode ser

Trata-se de um passo no sentido de o protagonista discriminar possibilidades. Sue voltou no tempo até a infância, a partir da qual está fazendo uma transição para um futuro hipotético, em que ela espera mobilizar recursos suficientes para confrontar sua família. A diferença nessa "projeção futura" está entre o tipo de contato e conversa que ela teve até agora e o que ela espera ter mais tarde.

6. Uma diferença se transforma em semelhança: os auxiliares do grupo "tornam-se" os membros da família verdadeira de Sue

A transição do passado para o futuro se dá quando Sue conversa com e abraça sua família "imaginária" *como se* fosse sua família verdadeira. Essa *encenação* é diferente da experiência dramática e existencial dos auxiliares como sua família *verdadeira*, o que ocorre mais tarde. O avanço em direção à experiência "real" se dá gradualmente, para que a protagonista possa encontrar seu próprio caminho; se o diretor tentasse forçar poderia encontrar resistência. Primeiro ela abraça os auxiliares como membros do grupo e então o diretor se refere a eles como representantes da mãe, do pai e da irmã; Sue conta a eles o que lhe aconteceu quando criança. Finalmente, enquanto estão abraçados, o diretor levanta a possibilidade de que a "mãe", o "pai" e a "irmã" que estão no palco sejam de fato sua família "verdadeira". Sue confirma isso enfaticamente. Realizou-se a transição de uma experiência de interação com os membros do grupo, pela fantasia dramática, para uma experiência da fantasia como se fosse realidade.

Sue, "a família" e o grupo estão profundamente emocionados no momento em que se abraçam e compartilham o relato de suas mágoas de infância. Ela conta como o ser tocada por qualquer pessoa lhe causava dor física.

O ponto culminante da ação psicodramática é alcançado quando Sue transpõe a diferença entre o sentimento de *fazer de conta* que está com a família e a experiência *de estar realmente com ela*; essa mudança no contexto, do jogo no palco (ou "como se") para uma autêntica experiência de estar em casa com sua família verdadeira, tem uma característica onírica ou como de transe. É a realidade dramática.

Isso é exemplo de como uma abordagem sistêmica não se limita a enxergar o fenômeno dentro de um contexto; ela pode também "demarcar o contexto", alterando-se a pontuação da narrativa. O diretor, ao dizer "isto é uma representação", estabelece a ação no contexto dramático com um significado específico ("encenação de uma peça"). Quando o diretor diz "esta é agora sua família verdadeira na sala de estar", muda-se o contexto e tem-se "a encenação de pessoas verdadeiras". "Agora vocês são de fato pessoas verdadeiras" é ainda outra redefinição que, se for aceita, transcende a experiência do "encenar".

C - Superando dicotomias: a busca de novas conexões depois de encontrar novas diferenças

Além de traçar conexões entre esses principais fenômenos complementares, o psicodrama aponta, por dedução, as seguintes dicotomias, pela busca de aspectos inter-relacionados, depois de definidas as diferenças:

1. Sue e "Sally"

As duas são vistas por Sue como pessoas diferentes; pede-se que ela represente Sally como uma parte ou um aspecto de Sue, de tal forma que, em vez de negar responsabilidade por se cortar, ela consegue ver que "responsabilidade" (aqui uma construção social) pode não ser tudo. De fato, Sue cortou os próprios pulsos, mas ela podia não ver como lidar com a situação de outra forma: ela não tem necessariamente de assumir ou negar "responsabilidade"! Dessa forma ela é capaz, entretanto, de aceitar seu discernimento na questão.

2. O grupo observador e o grupo identificador (experiencial)

Pelo mecanismo mental da identificação introjetiva, o grupo muda de um papel observador, em dado momento da ação, para um papel subjetivo, experiencial e empático. É o caso, por exemplo, da cena final da família reunida, quando vários membros do grupo são tomados pela emoção.

3. Sentir e ser

A percepção que Sue tem de si mesma como "má" parece ser modificada pela percepção que o grupo tem dela como "boa". Ela enxerga outra possibilidade: ela pode se *sentir* "má" mas não *ser* "má". O importante aqui foi a ausência da dicotomia "má/boa" ao considerar-se a inter-relação entre o sentimento de maldade e a atribuição de maldade.

4. A causa e o efeito

A posição de Sue diante do casamento dos pais pode ser vista de duas formas: Sue havia deduzido que a razão para a mãe ter um caso extraconjugal tinha sido a busca de consolo pela preocupação com a doença dela, Sue. O diretor oferece a sugestão alternativa de que a condição psiquiátrica de Sue havia ajudado a mãe a preencher o vazio de sua vida: havia desviado sua atenção do aspecto insatisfatório de seu casamento enquanto mantinha juntos "os pais de Sue". A filha também havia conseguido manter um equilíbrio entre os pais pelo interesse por antigüidades, partilhado com o pai.

Essa reformulação do significado da doença de Sue não precisa ser a verdade total e, naturalmente, ainda que válida, é uma simplificação excessiva. No entanto, possibilita a Sue ver, pela primeira vez, a existência de alternativas para a "causa" da infelicidade dos pais. Em termos sistêmicos, não haveria uma descrição de "causa e efeito" ou explicação do tipo "ou isto/ou aquilo". Uma causalidade circular seria evocada, na qual os sintomas de Sue teriam implicações tanto positivas quanto negativas para cada membro da família. Novas sessões psicodramáticas ou de terapia familiar poderiam explorar essa questão específica. O importante para Sue é que, depois dessa sessão de psicodrama, ela deixa de atribuir a infelicidade conjugal de seus pais a si mesma ou a algo "dentro" de si.

5. O "interno" e o "externo"

A noção de "dentro" em contraste com "fora" é outra dicotomia que precisa ser superada. "Por dentro" Sue se sente "má" e com raiva, enquanto "por fora" ela tenta agradar aos outros; sua voz é fraca e ela não consegue expressar raiva. Já que a raiva é experimentada apenas por Sue, ela se sente como objeto e não como agente ou sujeito da raiva. Ela sente que a raiva é expressa *contra* si mesma mas não infligida *por* ela própria; ela inventa outro *self*, chamado Sally, para externar a raiva por meio dos pulsos cortados.

Essa dualidade de pessoas (*selves*) que coexistem resolveu-se quando Sue foi estimulada a pensar em Sally como *parte* de si mesma em vez de um ser separado; invertendo papéis com Sally, ela era *tanto uma quanto a outra*. Isso ampliou a dimensão da experiência de si mesma, assim como seu autoconceito, de modo que pôde incluir Sally em vez de dividir-se em partes.

6. Raiva e necessidade de amor

A raiva de Sue por outras pessoas não foi focalizada na sessão psicodramática; a raiva precisa ser compreendida e trabalhada na relação com seu oposto, era isso o que faltava a Sue. Ela não conseguiria lidar com sua própria raiva, sem sentir talvez que iria se desintegrar, enquanto não experimentasse amor e aceitação de suas ansiedades agressivas, pelo acolhimento da mãe, ou de pessoas que a representassem; tais ansiedades continham sentimentos com os quais a própria Sue não tinha condições de lidar.

Embora a conexão entre ser amparada e a capacidade de lidar com a raiva não tenham sido diretamente trabalhadas na sessão, estava implícita na mudança da cena amedrontadora com o tio para o encontro carinhoso e confortador entre mãe e filha. O diretor, no entanto, mencionou que essa era a necessidade prioritária e mais fundamental da protagonista. Mais tarde, Sue disse que até o momento daquela cena confortadora sentia dor física ao ser tocada por alguém (ela possivelmente havia projetado sua própria raiva nas outras pessoas, que eram então percebidas como quem lhe causava dor). Nesse momento, de fato, a família auxiliar foi apoiada pelo grupo todo, que ofereceu uma estrutura mais inclusiva a qual lhes "permitia" ajudar Sue a conter sua dor e sua ansiedade diante da raiva e da perda de controle.

7. Autonomia e controle externo

Sue finaliza a sessão falando e se relacionando com as outras pessoas de forma espontânea, aparentemente livre de restrições externas. É importante tentar certificar-se de que ela não esteja reagindo a pressões advindas das expectativas do diretor e do grupo.

Durante uma sessão psicodramática é preciso tomar decisões sobre os procedimentos adotados:

- quando passar da descrição para a ação;
- quando dar espaço ao protagonista para que ele encontre sua própria resposta, em vez de oferecer sugestões;
- o que explorar: o passado, o presente ou o futuro;
- se uma cena específica é um encontro necessário ou uma evasão;
- quando mudar de uma cena para outra (uma das decisões mais críticas).

Essas escolhas são geralmente feitas após uma negociação entre o protagonista e o diretor, com a ajuda dos membros do grupo.

É nesse tipo de discussão que a questão da autonomia é constantemente tratada. Em termos sistêmicos, não é possível a "autonomia total" já que tudo é parte integrante e é influenciado por um todo maior. O psicodrama nem sempre pode seguir o caminho traçado pelo protagonista (o monodrama é a forma mais próxima), porque tem de haver um contexto para que a sessão psicodramática seja psicodramática! O grupo de pessoas que possibilitam esse contexto não é autômato, e o diretor não deve-se sentir como um "robô". Eles não devem ser vistos como objetos parciais, mas como pessoas inteiras. Não podem deixar de ter reações nem de se comunicar. O protagonista vai receber, portanto, o *feedback* de pessoas com as quais se relaciona durante a dramatização, tanto no palco como no restante do grupo.

IV - O DIRETOR COMO ORGANIZADOR DE *FEEDBACK* (OPERADOR DE RECURSIVIDADE CIBERNÉTICA)

Em termos sistêmicos, uma das principais tarefas do diretor é oferecer ao protagonista oportunidades de *feedback* bem como ajudá-lo a perceber quando isso ocorre. No psicodrama, o *feedback* consiste nas reações ao que o protagonista diz ou faz. Ao deparar com essas reações, o protagonista toma conhecimento do efeito que seus pensamentos ou suas ações causam nos outros e, portanto, não pode deixar de se influenciar por isso. A autonomia não é um absoluto, o que implicaria que ou uma pessoa a tem ou não tem. Pelo contrário, o que normalmente se busca é um grau maior de autonomia, especialmente quando se percebe rigidez ou se está fortemente sob controle, de si mesmo ou de outros.

A questão para o diretor é, portanto, como ajudar o protagonista a eliciar e interpretar o *feedback*. Para aqueles protagonistas fixados em suas atitudes e em seus padrões de comportamento, quanto mais informação disponível, mais opções e escolhas alternativas e maior o senso de autonomia. Com uma importante condição: que o protagonista sinta-se capaz de exercitar essas escolhas.

V - MUDANÇA: CORRELAÇÕES ENTRE CRENÇA, PERCEPÇÃO E AÇÃO

É fundamental para uma visão sistêmica da mudança a inter-relação entre significado (ou crença), percepção (de acordo com o ponto de vista) e eventos (ação/comportamento). A conexão entre o comportamento e a percepção pode ser descrita em termos de um processo recursivo entre uma ação e a informação resultante: uma unidade cibernética em que o *feedback* influencia o comportamento original.

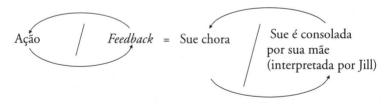

Para Sue, o fato de chorar com alguém representa uma ruptura, e o conforto proveniente do papel complementar de mãe é o *feedback* positivo que possibilita isso.

Há aqui outro aspecto, que se refere à percepção particular que o protagonista tem do *feedback* recebido: o que ele vê pode não ser o mesmo que o diretor ou o grupo observam, então as respectivas interpretações do que percebem podem ser diferentes. Por exemplo,

Sue se declara responsável pelo que aconteceu entre ela e o tio, embora os membros do grupo a vejam como uma vítima assustada, confusa e indefesa.

É o contato com diferentes formas de perceber, possibilitadas pelas técnicas psicodramáticas, que oferece ao protagonista a oportunidade de enxergá-las sob vários aspectos e vislumbrar novas possibilidades de conceber os fatos. Novamente, temos aqui mais opções para livrar o protagonista de uma visão restrita. Mais cedo ou mais tarde, ele é influenciado não apenas pelas percepções mas também pelas avaliações dos demais membros do grupo, expressas pelo seu comportamento (ação/palavras). Portanto, um ciclo recursivo:

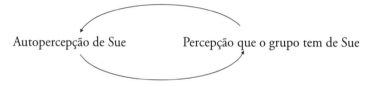

transformam-se em outras:

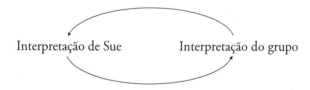

As diferenças de percepção e crença são por si sós partes de um processo recursivo:

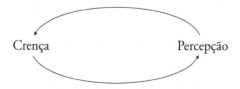

Sue sente "dor" ao ser tocada fisicamente por alguém. Para ela, uma indicação de que é "má", o que é outro exemplo de um *feedback* positivo, reforçador:

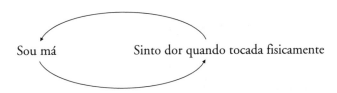

Esse padrão é quebrado durante o psicodrama, pela interatividade entre os outros processos recursivos, e transforma-se em:

Esses processos recursivos indicam que no psicodrama o intercâmbio entre percepção, ação e crença alcança uma etapa em que o sistema de crenças do protagonista e o do grupo se influenciam mutuamente, até estas serem compartilhadas, mesmo que indiretamente. Isso é demonstrado por meio do seguinte circuito:

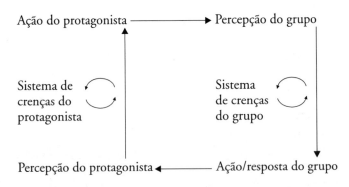

Um último aspecto dessa interatividade precisa ser considerado: o psicodrama, como outras formas de terapia, usa a linguagem como meio. A mudança é influenciada pelos diferentes significados que acompanham a seqüência de comportamentos, de acordo com a compreensão que se tem do contexto. Os significados são organizados pela conversa e pelo diálogo (Anderson, no prelo).

É por meio do estabelecimento, com o tempo, de uma linguagem comum que se alcança um consenso em torno de significados, envolvendo protagonista, diretor e membros do grupo, na medida em que eles lutam com o significado, por exemplo, de "má", nesse contexto particular de psicodrama e de linguagem.

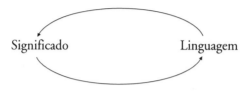

3

A exploração psicodramática da psiquiatria transgeracional: "os pecados dos pais"

Este capítulo visa demonstrar como o psicodrama pode ser aplicado a um modelo conceitual específico da teoria familiar sistêmica, mais do que à terapia sistêmica em sentido mais geral, como utilizada na abordagem da escola de Milão. O "processo de transmissão multigeracional", formulado por Bowen (1978), concebe a disfunção familiar como decorrente da operação do sistema emocional de uma família mediante várias gerações.

Boa parte da terapia de família envolve o trabalho com questões relacionadas à origem familiar e alguns profissionais consideram que essas questões são de fato as fundamentais. Bowen (1978) foi o precursor desse campo de estudo, que vem sendo desenvolvido por seus seguidores, entre eles Guerin (1976) e Fogarty (1978). Framo (1982) incluiu na discussão do tema a teoria das relações objetais e Boszormenyi-Nagy (1981) introduziu a idéia de um registro de obrigações éticas que se estendem ao longo das gerações. Lieberman (1979), na Inglaterra, e Roberto (1992), nos Estados Unidos, fizeram uma revisão das teorias e terapias transgeracionais. Tanto eles quanto muitos outros clínicos enfatizaram a importância de os pacientes discutirem esses tópicos diretamente com os membros da família envolvidos, sempre que isso seja possível.

O trabalho com famílias de origem, quando possível na prática, é gratificante, mas muitas vezes é um desafio, pelas mesmas razões que o tornam necessário: os parentes em geral temem encontrar-se para tratar de assuntos que eles acreditam que resultarão em profunda angústia. Eles conseguem manter em segredo, por toda a vida, informações e sentimentos, uns em relação aos outros. Fatos históricos, alianças secretas, ressentimentos relacionados com obrigações não cumpridas, sentimentos de dívidas eternas, lealdades divididas, cicatrizes de velhas feridas ou dor de decepções passadas, tudo pode durar e se inflamar indefinidamente, embora possam estar fora do campo de percepção das pessoas envolvidas.

Algumas vezes a angústia – e normalmente a raiva que a acompanha – é tão inaceitável, até mesmo para o indivíduo que a carrega, que ele interrompe totalmente o contato com seus familiares e reprime todos os pensamentos e sentimentos em relação a alguns, ou a todos os, membros da família. Esse "corte emocional" foi descrito por Bowen, que descobriu sua profunda importância, tanto para a pessoa que faz o "corte" como para os familiares "cortados". O profundo efeito sobre o indivíduo que corta relações não é claro por si só; normalmente vem à tona apenas quando as conseqüências desconhecidas desses "cortes" são sentidas em seus novos laços familiares.

A família que foi desconectada também perde uma parte de si e talvez não tenha oportunidade de restaurá-la e integrá-la. De fato, algumas vezes é o corpo principal da família que "amputa" um de seus membros numa tentativa de livrar-se de uma dor inaceitável ou de um conflito aparentemente insolúvel.

Normalmente, tais questões não são enfrentadas nunca, nem pelo indivíduo nem pela família; o "negócio inacabado" é sepultado.

Quando o terapeuta encontra evidência dessas questões intergeracionais, o ideal é que ele estimule a família a trazer para as sessões terapêuticas os outros membros envolvidos. Contudo, isso pode não ser possível e essas pessoas podem se recusar a participar. Mesmo assim, podem-se alcançar bons resultados ensinando (Bowen, 1978) a abordar familiares pouco cooperativos e a envolvê-los na discussão de questões delicadas. Pode ser muito útil escrever cartas aos que estejam geograficamente distantes (o que ocorre em geral com os emocionalmente "amputados").

Muitas vezes, entretanto, as pessoas envolvidas morreram ou estão inacessíveis. É aqui que o psicodrama torna-se particularmente eficaz, ajudando a investigar as origens da disfunção, descobrindo o que eles já "sabem" (mas não sabem que sabem!), montando o quebra-cabeça e refazendo as conexões entre os vivos e os mortos. Questões em aberto podem ser retomadas quando os mortos são trazidos psicodramaticamente à vida.

| Ambiente social e cultural dos anos 1930 | Família de origem de Lucy | Relações passadas da família | Relações atuais da família | Apresentação clínica | Aquecimento (por meio da sociometria) | Psicodrama: etapa da ação |

PROCESSAMENTO SISTÊMICO: ISOMORFISMO RETROSPECTIVO

O CONTEXTO DO CONTEXTO

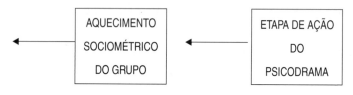

FIGURA 1

Assim como num tema relativo à família de origem, este capítulo é apresentado numa seqüência temporal invertida (Figura 1) para ilustrar o tipo de pensamento exigido a fim de que se possa ir do problema apresentado à sua origem em gerações anteriores. A pergunta "Como essa pessoa chegou aqui hoje, com essa dificuldade específica?" é trabalhada com base em um relato do paciente e em seu psicodrama, quando então se pergunta "Como essa pessoa veio parar nesse grupo de psicodrama, e como ela chegou a fazer esse psicodrama específico, dessa maneira particular, com esse grupo de pessoas com essa variação de temas?". Vamos começar, portanto, com a dramatização e, depois, examinar o aquecimento e os métodos usados para escolher o protagonista. O trabalhar do fim para o começo nos ajudará a entender a transmissão da disfunção pela família do protagonista ao longo de gerações.

LUCY

Lucy, uma mulher de 61 anos, que parecia nunca ter sido feliz, mostrou ter conseguido um resultado significativo com apenas uma sessão de psicodrama. Havia anos sentia medo de ficar sozinha, associado ao temor de sair de casa.

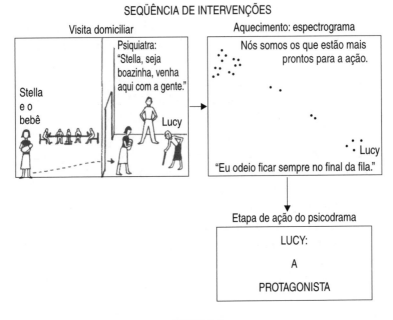

FIGURA 2

Seu casamento tinha terminado fazia 15 anos. Morava sozinha e sua solidão costumava ser interrompida por visitas diárias de sua filha casada, Stella; só que a filha já não podia visitá-la, pois tinha dado à luz seu quarto filho.

Lucy tinha um sério problema cardíaco que lhe dificultava ficar em pé ou andar mais do que alguns passos. Recentemente havia mudado para a casa da filha, mas não tinha dado certo: eram três gerações de uma grande família, ocupando um apartamento de três dormitórios. O problema foi constatado numa visita domiciliar (Figura 2) feita pelo diretor. A filha e sua família não queriam nenhum contato com profissionais do serviço social governamental. Uma reportagem no jornal local esclarecia o motivo: o ex-marido de Lucy tinha sido preso por envolvimento em um caso de atentado ao pudor. Havia um temor evidente de que a família fosse invadida por profissionais que iriam investigar a segurança e o bem-estar de seus membros.

A situação doméstica era tensa e caótica. Stella e a mãe não se falavam. O diretor conseguiu estabelecer um diálogo entre elas para descobrir o que estava acontecendo.

O problema precisava ser abordado a partir de dois pontos: a situação doméstica e as relações familiares. Decidiu-se oferecer tratamento no hospital-dia e ajudar na situação domiciliar, simultaneamente.

Lucy participava das atividades diárias com grande apreensão e suspeita. Temia que a filha ficasse aborrecida, pensando que se falava dela. O clima em casa estava pesado para Lucy, que tinha de passar a maior parte do tempo na mesma sala que a filha, sem intermediários. Dava a impressão de estar preocupada, assustada, triste e derrotada.

Durante a fase de aquecimento, no psicodrama, Lucy tinha falado sobre a raiva que sentia em relação a duas pessoas e sobre sua incapacidade de expressar essa raiva.

O psicodrama de Lucy: a fase da dramatização

Lucy começa dizendo que essas duas pessoas (Figura 3) são seu ex-marido e sua filha mais velha, Stella.

A primeira cena mostra Lucy com Stella em casa. Stella não faz muito trabalho doméstico, apesar de ter quatro filhos. No papel da filha, Lucy explica que não há por que limpar a casa, já que as crianças vão bagunçar tudo de novo em poucos minutos. Sua atenção está quase totalmente voltada para o bebê. Quando um membro do grupo assume o papel de Stella, Lucy se oferece para limpar o chão da cozinha; invertendo papéis, Lucy, no papel da filha, a proíbe de ajudar. Retornando ao papel de protagonista, Lucy declara que se sente "péssima e inútil".

Com Lucy no papel de Stella, ouvimos a filha dizer que tinha convidado a mãe para morar com ela porque estava preocupada com a solidão dela. Acrescenta que se preocupa com o fato de "os outros" poderem pensar que chamou a mãe para sua casa para explorá-la, como empregada doméstica. Diz que não conseguiu auxílio-moradia, razão pela qual Stella está sem ajuda financeira. Parece haver uma conotação não verbalizada, e talvez não intencional, de que Stella esteja alardeando sua generosidade, e que seus motivos sejam mais complexos.

FIGURA 3

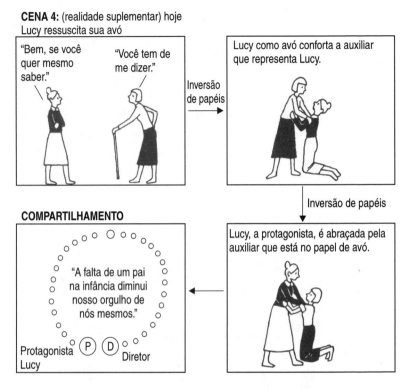

FIGURA 3 *(CONTINUAÇÃO)*

A inversão de papéis termina com Lucy no papel da filha, expressando em solilóquio o ressentimento em relação à mãe e seu desejo de vingança pela maneira como a mãe a "usava" quando Stella era adolescente.

(Ninguém sabe os reais motivos de Stella, talvez nem ela mesma. O que temos é o que Lucy percebe em relação aos sentimentos da filha, percepção essa alcançada por meio da inversão de papéis e da interação com o auxiliar.)

A cena seguinte, por sua vez, retrata a casa de Lucy 20 anos atrás, quando Stella tem 16 anos, é a mais velha de cinco filhos, encarregada de fazer companhia à mãe agorafóbica. Ela interrompeu os estudos, e agora ajuda nos afazeres domésticos e atua na "linha da vida" como se fosse a mãe. No papel da Stella de 16 anos, Lucy expressa que, longe de lamentar sua condição, Stella gosta dessa situação, que lhe dá uma sensação de poder sobre a mãe.

Lucy fala em seguida sobre o marido, que é taxista e passa boa parte do tempo fora de casa, voltando nas primeiras horas do dia. Lucy o aguarda com uma refeição preparada, mas ele está sempre bêbado e fisicamente agressivo. Ela não gosta de sair de casa por causa das marcas que ele deixa em seu corpo, que podem ser notadas. Sente-se constrangida, sabendo que os vizinhos podem ouvir o barulho das explosões do marido.

O diretor quer saber o que acontecia com Lucy, mesmo há 20 anos, que lhe permitia estar preparada para sofrer humilhação. Será que é porque realmente não havia nada que ela ou qualquer outra pessoa pudesse fazer naquela situação ou será que havia algo na própria Lucy para que ela suportasse aquilo? A visão sistêmica diria que o relacionamento conjugal e a personalidade de Lucy eram ambos parte de um padrão mais extenso e recorrente, designado "sistema traumático organizado" (Bentovim, 1992). Enquanto contava a história de sua vida, algo de reprovação e martírio emanava dela.

O diretor pergunta a Lucy sobre a origem de sua sensação de impotência. Como de fato aconteceu que faz parecer que ela nunca se permitiu o alívio e o prazer de expressar raiva? Ela explica que sempre se sentiu impotente: "Nasci como filha bastarda nos anos 1930 e vivi com meus avós. Eu pensava que eles eram meus pais e que minhas tias eram minhas irmãs. Minha mãe verdadeira me entregou à minha avó quando eu tinha cinco meses de idade e mais tarde fugiu, durante a guerra. Meu avô tinha morrido e não havia homens em minha vida quando eu era criança".

Lucy conta que só soube de sua história quando tinha 12 anos; não mostrou nenhuma reação expressiva a essa notícia e acha que já devia ter percebido que algo em suas relações familiares não estava muito claro. Na época, a questão do pai verdadeiro ainda não havia surgido nem lhe havia sido explicado o motivo pelo qual sua mãe a tinha "dado" à avó.

Lucy explica que quando tinha 16 anos (a idade de Stella na cena anterior!) ouviu seus familiares mencionar o que ela entendeu ser o nome do pai; parece que eles não tinham percebido sua presença e houve um silêncio embaraçoso quando eles a viram. Lucy não podia fazer nada a respeito dessa informação, já que não tinha "coragem" de confrontar a avó.

O psicodrama continua com uma cena em que se pede a Lucy que faça o que ela tinha sido incapaz de fazer naquela ocasião: um encontro que nunca ocorrera mas deveria ter ocorrido.

Com um auxiliar no papel da avó, Lucy pergunta diretamente sobre seu pai e suas origens. Por que nunca lhe falaram sobre isso? Por que deixaram para ela descobrir?

Invertendo papéis com a avó, a protagonista explica que havia um temor de que Lucy deixasse "escapar" a informação a terceiros: seu pai era de uma família importante e muito conhecida, que não sabia da existência de Lucy. A notícia poderia chegar até eles. Seu pai verdadeiro era casado. A mãe de Lucy era empregada da casa. Além disso, a avó estava magoada com o comportamento da filha e com a vergonha que o fato provocava na família.

Invertendo papéis com a avó, Lucy alterna entre Lucy adolescente e Lucy adulta. (Essa cena não é um evento passado que poderia ter acontecido. Quando adolescente, ela não teria conseguido formular as perguntas; Lucy precisa estar num papel diferente para confrontar a avó. Isso, portanto, parece mais a Lucy adulta, ressuscitando a avó para poder acertar-se com ela.)

Na medida em que o diálogo prossegue, Lucy percebe que a avó e sua família estavam se protegendo para não se tornar alvo de maledicência na comunidade e acobertando o pai e a família dele. Era como se a reputação da família do pai fosse mais importante do que seus próprios sentimentos; a "maledicência" era dirigida totalmente à mãe de Lucy, não sobrando nada ao pai.

Evidenciando o sistema de classes que reinava na primeira metade do século, a conversa mostra como naquela comunidade as fronteiras entre as classes sociais eram traçadas com extrema firmeza. Nos conflitos entre classes, a tendência era os pobres serem considerados (até por eles mesmos) os "errados" e os ricos os "certos". As questões de gênero também eram marcantes: a mulher que engravidava quando se envolvia numa relação extraconjugal tinha de "assumir a responsabilidade", enquanto o comportamento do homem era relevado.

Para Lucy, havia ainda outro agravante: os jovens tinham de se submeter aos mais velhos. O respeito e a consideração que se exigiam para com os mais velhos eram inquestionáveis, mesmo que isso prejudicasse os mais novos. Não acreditavam que ela pudesse guardar um segredo familiar (que a envolvia, talvez, mais do que a qualquer pessoa), e ela não teve o direito de saber o nome de seu pai.

Além disso, era tanta a falta de consideração para com ela, que Lucy não se sentia autorizada nem mesmo a perguntar. Era muito pouco provável que ela pudesse expressar sua indignação diante da ignorância que lhe havia sido imposta.

Tais atitudes dos adultos podem estar tão interiorizadas nas crianças que elas nem sequer concebem uma alternativa: Lucy havia incorporado os valores que lhe haviam sido incutidos, sem nunca ter percebido que eles lhe tinham sido instilados. Esse sutil subjugar da sua mente não poderia encontrar resistência na época, pois ela nem sequer tinha consciência do que estava acontecendo. Na linguagem da teoria dos mecanismos psicológicos de defesa e das relações objetais, tratava-se de uma "introjeção" do repressor. Era inconcebível para Lucy ser alvo de confiança e respeito da parte de seus "superiores" e mais velhos.

Assim, por meio da interação, no jogo de papéis, entre ela (como adolescente e como adulta) e a avó, Lucy percebe pela primeira vez que sua baixa auto-estima (que afetou significativamente sua disponibilidade em relação aos outros) se desenvolveu quando ela assimilou a imagem que a avó e a família tinham de si mesmas, de sua mãe real e de si mesma. É como se Lucy representasse a mãe e simbolizasse a vergonha da família. Havia se tornado o bode expiatório da família, considerando-se o objeto de vergonha que a família lhe tinha atribuído (Bollas, 1987).

No psicodrama, ela descobriu um novo papel, o de uma garota de 16 anos que briga com a avó que a mantinha na ignorância. Ela exige ter conhecimento dos fatos, quer ser reconhecida em seus direitos (tipificados pela revelação do nome do pai) e como alguém que tem seu lugar na sociedade, em vez de ser escondida como pária.

Lucy, prosseguindo nesses *insights*, declara logo depois: "Posso ver a mesma coisa acontecendo com minha filha e com uma des minhas netas" – e o mesmo processo está sendo transmitido às futuras gerações.

Ao final da sessão, no papel da avó, a protagonista declara que ela, a avó, gosta muito de Lucy: o problema é que ela é incapaz de explicar ou expressar seus sentimentos. Em outras palavras, há uma diferença importante entre a figura que Lucy representa e os sentimentos que a avó tem por ela como filha adotiva, sentimentos que talvez não possam ser expressos, já que Lucy não pode ser reconhecida como uma pessoa de pleno direito. É também possível que a avó sinta que não deva tratar Lucy como sua filha. Manter o segredo significa que a avó não pode nem explicar que Lucy não é sua filha legítima nem fingir convincentemente.

Aparentemente, a avó também possui baixa auto-estima e por isso acha difícil demonstrar seu carinho e cuidado por aqueles a quem ama. Nessa dramatização, porém, a protagonista, no papel da avó, consegue abraçar o ator auxiliar que faz o papel de Lucy; de volta ao papel de Lucy, a protagonista retribui o abraço afetuoso da avó. A protagonista, ao tomar consciência do que *poderia* ter acontecido, pela experiência do que *deveria* ter ocorrido, pode aceitar o que na verdade não aconteceu.

Na fase do compartilhamento, a questão ficou centrada no senso de orgulho que alguns membros do grupo sentem ter perdido ao ficarem órfãos de pai. Na verdade, os pais pareciam definir a posição dos filhos na sociedade patriarcal daqueles anos que antecederam a guerra.

Lucy mudou depois desse psicodrama. Sua aparência decaída e entristecida melhorou. Ela passou a apreciar a companhia dos outros e a se relacionar, tanto nos grupos de terapia quanto fora deles.

Pouco depois Lucy foi transferida para uma casa em regime de pensão abrigada, como transição, e desde então encontrou um novo lar.

Esse psicodrama demonstra dois aspectos importantes que, embora conhecidos como comuns ao psicodrama em geral, são especialmente claros aqui. O primeiro é o grau de autoquestionamento arqueológico (Epston & White, 1990) exigido para recuperar o início de um *script* ou "texto" para a vida, a fim de transformá-lo. A própria Lucy traz quase todos os "dados": ela busca informação em seu próprio sistema de memória, seleciona e organiza os dados para construir uma história significativa. Se não houvesse os auxiliares, seria denominado um monodrama. No entanto, ela os utiliza de forma adequada como encarnação de sua experiência pessoal: os atores auxiliares fazem o que Lucy pede, sem precisar pedir nenhuma informação. Em outras palavras, é como se tivéssemos uma reprodução do passado internalizado de Lucy, que permite a ela separar e organizar os vários ingredientes antes de editá-los e de reescrever o roteiro insatisfatório.

O segundo ponto importante é sua implicação para o relacionamento entre Lucy e o grupo. Ao mesmo tempo que lhe parece revelador explorar o passado, a dramatização também permite a Lucy se desnudar diante dos companheiros de grupo. Isso é significativo para ela, como uma espécie de "ritual de passagem" grupal (Kobak & Waters, 1984), como se isso compensasse a ausência, em sua vida, de uma iniciação formal para a fase adulta. Essa sessão psicodramática foi uma espécie de cerimônia em que Lucy, tendo tomado conhecimento de suas origens, foi aceita como parte da comunidade mais ampla.

O aquecimento de Lucy (Figura 2)

O aquecimento teve um caráter sociométrico (para uma das exposições clássicas a respeito da sociometria, ver Moreno, 1937b, e para uma explanação completa e atual das implicações sociométricas do psicodrama, ver Williams, 1991). Havia membros novos no grupo. Foi solicitado que as pessoas identificassem aqueles que não conheciam e entrassem em contato, pela linguagem corporal não-verbal, com aqueles que consideravam os "mais aquecidos", ou seja, os que sentiam como espontâneos e prontos a participar. Pediu-se que conferissem com as pessoas indicadas sua percepção, a fim de corrigir quaisquer projeções ou outras observações não acuradas.

Os membros do grupo construíram então um espectrograma, formando uma fila de acordo com o grau de espontaneidade ou de energia de cada um. Na ponta "mais quente" havia dois ramos: pediu-se-lhes que descobrissem o que havia de diferente entre eles como indivíduos, já que se juntaram em dois grupos em vez de apenas um. Isso resultou numa nova divisão em quatro subgrupos menores.

Na extremidade oposta do espectrograma havia quatro pessoas, inclusive Lucy. Pediu-se-lhes que se dividissem em dois subgrupos e discutissem, enquanto o restante do grupo ouvia, como fariam isso. Eles questionaram entre si o que de fato significava estar "aquecido". Qual era o real significado desse critério? Decidiram que os menos "aquecidos" eram os que estavam mais ansiosos e desconfortáveis, ou seja, Lucy e outro participante.

Perguntou-se aos dois se gostariam de mudar para outra parte do grupo, onde se sentissem mais confortáveis do que naquela extremidade do espectrograma. Lucy encontrou outro lugar.

Durante as negociações, Lucy chegou ao que poderia ser considerado o "final da fila". Ela disse, então, que não havia gostado, mas não conseguia explicitar, porque quando ela falava o grupo respondia com um longo silêncio (isso realmente acontecia). Quando autorizada a se mudar, ela escolheu permanecer no centro do grupo e falou de forma mais profunda sobre sua amargura.

Alguns membros do grupo questionaram as instruções que haviam recebido de se reunir em subgrupos e perguntaram ao diretor por que havia feito tal pedido. Este respondeu que alguns participantes tinham demonstrado dificuldade em formar seus subgrupos *funcionais* e por isso foram como que colocados pelos outros em subgrupos formados segundo *estereótipos*, ou seja, de acordo com a forma como eram vistos.

Seguiu-se um silêncio que foi quebrado por Lucy, falando mais uma vez sobre sua mágoa. Ficou claro que ela estava pronta para dar continuidade ao tema. Um dos profissionais da equipe sugeriu que Lucy fosse a protagonista, e o restante do grupo aprovou a idéia.

Durante o psicodrama propriamente dito, as implicações da fase de aquecimento para a fase de dramatização não foram avaliadas, mas ao refletirmos nos apercebemos que certos aspectos do aquecimento parecem ter influenciado a ação que se seguiu:

- O tema inicial do grupo foi a identificação dos membros que eram desconhecidos para os demais.
- As pessoas eram julgadas subjetivamente quanto à sua espontaneidade e prontidão para a ação, mas depois isso foi conferido com cada um, a fim de evitar equívocos; em outras palavras, pediu-se que as pessoas se auto-avaliassem, evitando que fossem colocadas em diferentes categorias segundo suposições sem fundamento.
- O espectrograma deu a cada membro do grupo a chance de escolher onde se posicionar. Alguns viram isso como forma de manipulação, mas a intenção foi impedir que as pessoas se posicionassem com base em noções estereotipadas e estimular as pessoas a formar seus próprios subgrupos funcionais (Agazarian, 1993).
- Lucy havia se posicionado (mas também sido colocada pelo restante do grupo) no último lugar do espectrograma.
- Lucy usou a oportunidade, enquanto negociava sua posição no extremo do espectrograma, para fazer menção a seu ressentimento e à sua pouca disposição para expressar sua raiva, por causa da falta de reação dos demais membros do grupo.
- Lucy teve uma segunda oportunidade para encontrar seu lugar no grupo, onde se sentisse confortável.
- Ao ser autorizada, mediante negociação, a encontrar sua posição no espectrograma segundo sua livre escolha, ela se tornou mais articulada e "aquecida".

Em síntese, a fase de aquecimento pareceu uma encenação microcósmica de três aspectos da história de vida de Lucy: a) sua história pessoal; b) sua chegada ao hospital-dia; c) seu próprio psicodrama. Essa encenação iniciou-se com o seu sentimento, como se tivesse sido passivamente colocada no fim da linha (espectrograma). Terminou, porém, com Lucy dando passos, ativamente, para reafirmar sua posição. O diretor poderia estar representando para ela o pai que ela nunca teve, que deu a ela um "lugar" na comunidade grupal.

Considerações finais

Telfner (1991) assinala que em termos sistêmicos o que é mais complexo pode explicar o que é mais simples.

Este capítulo procura trabalhar de trás para a frente e colocar o material apresentado em um contexto gradativamente mais amplo na medida em que o processo continua (Figura 1). A ação dramática deu-se da mesma forma no microcosmo. Começou com a difícil situação de Lucy na casa da filha e a incapacidade de comunicação. Lucy foi encaminhada ao autor (que era tanto seu psiquiatra quanto seu diretor de psicodrama) por uma ONG habitacional, porque ela não tinha onde morar e parecia não "pertencer" a lugar algum. Na seqüência, foi investigado o ressentimento em relação à filha, Stella, assim como à mãe, 20 anos antes, quando Stella tinha 16 anos. Naquela época, Lucy tinha um casamento infeliz e era uma mãe disfuncional.

A dramatização permitiu explorar a origem do sentimento de impotência e de baixo *status* social, decorrente da posição de sua própria mãe, de seu relacionamento com a avó e, acima de tudo, do fato de lhe ter sido vedado saber sobre o pai.

A fase de aquecimento havia explorado o *status* dos membros do grupo uns em relação aos demais, ao grupo como um todo e ao diretor. Esse processo permitiu que a atenção fosse voltada para a insatisfação de Lucy quanto a estar "no final da fila", o que, por sua vez, havia sido revelado quando a subdivisão sociométrica e funcional separou a questão pessoal do estereótipo (Agazarian, 1993). Tal processo havia sido levantado pelo fato de que no início da sessão havia novos membros que precisavam descobrir onde "se localizavam" em relação ao restante do grupo.

Assim, o tema "onde os novos membros se localizavam em relação ao grupo" é similar ao da ação dramática, em que Lucy luta para encontrar sua posição quando criança (na verdade, quando bebê) em relação a seus familiares.

Esse isomorfismo (Bateson, 1979) aparece mesmo anteriormente, no contato preliminar que o diretor manteve com Lucy na casa da filha (Figura 2), que se encarregava dela, e onde Lucy aparecia como um peso "inútil", levada para lá por suposições equivocadas e intenções dúbias.

Por último, os fatos aconteciam enquanto o ex-marido de Lucy estava sob investigação por uma acusação de atentado ao pudor, uma situação em que, ironicamente, para que a justiça fosse feita, a família tinha de suportar o medo de uma desgraça social causada pela publicidade.

A sessão psicodramática inverteu a posição inicial. Lucy se tornou "a escolhida" e foi incorporada ao grupo por direito próprio e com respeito.

4

Psicodrama estratégico: ajudando uma mãe problemática a conversar com a assistente social de seus filhos

"Psicodrama estratégico" é um termo usado por Williams (1989) para caracterizar o aspecto pragmático, de solução de problemas, do psicodrama, diferenciando-o das qualidades catárticas, auto-reveladoras e estéticas que decorrem de sua teatralidade.

Utilizo esse termo para designar o psicodrama que tem uma meta específica em mente, que vai além dos objetivos mais gerais de liberar a espontaneidade do paciente, desenvolver a capacidade de *insight*, fortalecer o ego ou adquirir novos papéis.

O psicodrama a seguir foi realizado com a intenção de alcançar um objetivo específico no âmbito da estratégia global de cuidado de uma paciente.

DAWN

Dawn havia chegado a um impasse em suas relações com a assistente social que, em decorrência de queixas de maus-tratos físicos, tinha encaminhado seu segundo filho para um orfanato. Dawn estava arrasada, mas a assistente social chegara à conclusão de que não havia escolha: durante vários anos ela tinha ajudado muito Dawn, especialmente quando nasceu seu primeiro filho. Dawn considerava Ruth, a assistente social, sua única confidente, tendo-se sentido cruelmente traída, recusando qualquer contato posterior.

Foram feitos muitos esforços para ajudar Dawn a recuperar a relação de confiança com Ruth, para que pudessem ser discutidos os compromissos futuros de Dawn em relação a seu bebê. Dawn, porém, havia regredido à fase da criança teimosa, desafiante e emburrada. O bebê parecia ser, para essa mãe solteira e isolada, o que de mais precioso ela tinha no mundo. (É muito provável que a regressão de Dawn seja uma forma de identificação com o filho perdido.)

À tarde, depois do psicodrama realizado no período da manhã, Dawn deveria falar com o chefe da enfermagem, Donald, pensando-se numa possível mediação dele num futuro encontro com Ruth. Dawn insistia em que ela não iria falar com Ruth. No entanto, era necessário que alguns acertos fossem feitos para o cuidado, a longo prazo, do bebê: o que estava em jogo era a relação futura de Dawn com seu filho.

O aquecimento

O psiquiatra de Dawn, que dirigiu a sessão de psicodrama, não tinha nenhum plano preconcebido para que ela fosse a protagonista; ela seria talvez a última pessoa do grupo a se oferecer voluntariamente, ou até mesmo a ser persuadida.

O processo de "aquecimento" contextualizou o psicodrama de Dawn. O tipo de psicodrama que se faz depende em geral de como o protagonista é escolhido, e isso, por sua vez, tem muito a ver com o clima do grupo na sessão e com as preocupações individuais ou coletivas trazidas pelos participantes.

O diretor tenta, no aquecimento, clarear esses temas, para facilitar ao grupo e ao futuro protagonista a compreensão, depois da sessão, da conexão entre a dramatização e seus temas pessoais (Williams, 1991). Ele pergunta aos participantes se, e de que modo, o grupo se sente diferente da sessão anterior, uma semana antes (há algumas cadeiras vazias no círculo). Um paciente observa que há uma enfermeira do setor de emergência participando da sessão. Outros pacientes assinalam que há "menos pessoas hoje". O diretor investiga como cada um vê as diferenças em relação à semana anterior.

Ele pergunta, então, como os membros do grupo sentem essas diferenças: o que é ter um grupo menor? São mencionadas as cadeiras vazias. Liz diz que está sentada em uma cadeira alta para não dormir. Peter prefere um grupo maior, porque ele pode se esconder na multidão. Amanda diz que prefere grupos pequenos porque as pessoas não falam em grupos grandes. Liz sente os grupos grandes claustrofóbicos.

O diretor faz uma pergunta reflexiva (Tomm, 1987), usando uma hipotética mudança de contexto: "E se o grupo tivesse só cinco pessoas, e ninguém falasse?". Todos respondem: "A gente sempre falaria num grupo pequeno assim".

O diretor assinala que as diferentes maneiras pelas quais os membros do grupo são afetados por aspectos diversos do grupo, como o tamanho, refletem diferenças entre os próprios membros do grupo.

Depois de uma pausa, pergunta o que é necessário agora para que o grupo prossiga. Amanda responde que o grupo precisa ser motivado. A questão seguinte é *como* motivá-lo, mas ela confunde os membros do grupo. O diretor muda então do "pensar" para o "fazer": afinal de contas isto é um "aquecimento"! "Vamos *fazer* algo diferente!", ele provoca. "Vamos sair de nossas cadeiras e nos envolver uns com os outros da maneira como quisermos, sem falar. Podemos caminhar em volta da sala, ou então ficar parados..." Todos se levantam e caminham, exceto Vincent.

Alguns se olham, mas muitos evitam o contato visual. Um ou dois tocam o braço de outro. Duas mulheres se abraçam e depois envolvem Dawn nesse abraço, como se fossem uma família. Vincent fica parado; ele não quer ser "como um bando de cordeirinhos".

O diretor sugere então que eles também conversem. Alguns se sentam em pares ou em pequenos grupos. Os que ficam parados ou caminhando se sentem "observados" pelos que estão sentados. O diretor sugere que um dos que estão parados, Amanda, pense numa maneira de investigar se é isso mesmo.

Vincent começa uma discussão a respeito dos profissionais da equipe (ele já estava muito bravo com eles desde o dia anterior). Os profissionais (que são também "observadores") não estão "participando". Eles não têm de se preocupar, como os outros membros do grupo, porque eles não serão os protagonistas. "De fato", responde o diretor, "nós somos privilegiados!" Tal observação irrita Vincent que, mais tarde, afirma que seria interessante ver um psicodrama que tivesse pessoas "normais" como protagonistas. Cathy, uma das enfermeiras, diz que ela se sente emocionalmente envolvida com os protagonistas e deseja que seus psicodramas se desenrolem bem. O diretor relembra que os membros da equipe atuam como auxiliares.

Em termos sistêmicos, o grupo está explorando as diferenças entre a equipe profissional e os pacientes.

Outro ponto de discussão diz respeito ao estilo do diretor na condução do aquecimento: ele está organizando a situação ou não? Está fingindo assumir quando de fato não está, ou está fingindo não controlar mas controlando de um modo sutil? Aparentemente, ele quer saber o que os membros do grupo que se encontram sentados estão sentindo; porém, em vez de lhes perguntar diretamente ele pede que outra pessoa pergunte a uma terceira se eles conseguem encontrar um jeito de descobrir os sentimentos dos que estão sentados! Trata-se de um recurso sistêmico de investigação denominado "pergunta triádica" e, além disso, foi colocado como uma "metaquestão", ou seja, não "o que eles estão sentindo?" nem "você consegue descobrir o que eles estão sentindo?" ou mesmo "como você poderia descobrir?", mas "você consegue sugerir alguém que poderia achar um modo de descobrir?". Esse tipo de pergunta circular (Penn, 1983) é um modo de focalizar as interconexões entre pensamentos, sentimentos e ações dos membros do grupo como um todo, em vez de o próprio diretor simplesmente fazer perguntas diretas a indivíduos ou ao grupo coletivamente. Esse interrogatório torna os membros do grupo mais conscientes de como se ligam uns aos outros. Também permite aos membros do grupo participar ativamente na investigação de si mesmos.

Esse modo de perguntar leva Amanda a declarar que acha difícil iniciar qualquer conversa, salvo quando ela faz alguma pergunta. Mas, quando pergunta, é muito insistente e exigente! Da conversação que se segue, evidencia-se que "sentado" significa "cansado", "evitando" ou "protestando" – e às vezes as três coisas ao mesmo tempo.

O diretor pergunta: "Quem será a última pessoa a ficar em pé?". O efeito óbvio é todos se sentarem rapidamente, menos o próprio diretor e Amanda. Há um longo silêncio, como se o grupo estivesse novamente "preso": tudo isso foi perda de tempo? A atenção se volta para Katie, uma paciente que tem dado sinais muito claros de que não tem nenhuma intenção de se envolver com nada do que está acontecendo no grupo. O diretor assinala que ela se apresenta como um espectador entediado que desafia o grupo a motivá-la, e que ele não se sente "organizando um espetáculo" para ela. Katie, mesmo assim, obtém "retorno" de outros membros do grupo, dado que ela não pode evitar escutar a discussão a seu respeito. Há um questionamento das razões pelas quais ela vem ao psicodrama. Ela se mostra solene e passivamente hostil. Estaria Katie expressando os sentimentos dos outros no grupo? Será que o tema não seria a raiva não consciente e não expressa? Seria dirigida à equipe terapêutica, como talvez Vincent tenha insinuado?

Lynn tenta quebrar o impasse, sugerindo que Judith seja a protagonista. Segue-se uma discussão: estaria Judith fazendo seu trabalho em primeiro lugar para si mesma, com o grupo se identificando e se envolvendo na tarefa dela, ou estaria ela trabalhando como protagonista principalmente em nome de Lynn e de alguns dos membros do grupo, para "enlouquecê-los", permitindo assim a alguns dos membros decidir esquivar-se do envolvimento com o grupo? Judith comunica, então, que está grávida, e que uma semana atrás começou a ter contrações. Há uma discussão sobre quem seria responsável se ela abortasse. Alguns dizem que seria ela mesma. Outros acreditam que todos os presentes seriam coletivamente responsáveis. Vincent insiste em que o diretor (um médico) teria toda a responsabilidade, e que ele, Vincent, não gostaria de participar de nada disso.

Assim, o tema passou a ser a ambivalência do grupo em relação a suas responsabilidades. Até mesmo começar uma discussão ou uma tarefa exige que *alguém* tome a iniciativa! Seria a raiva em relação à equipe uma expressão da frustração do grupo com eles, por não tomarem para si esse ônus? O diretor afirma que seria necessário que algumas poucas pessoas começassem a se envolver primeiro, para que os outros se engajassem. Entretanto, até mesmo para que se formassem esses "poucos", alguém teria de dar o primeiro passo. Deveria ser o diretor? Seria isso também, agora, uma questão de autoridade? Cathy, uma das cuidadoras, está impaciente por começar; "Estamos perdendo tempo".

Dawn está sentada perto do diretor e parece estar dormindo. As pessoas começam a mostrar-se indignadas e fazem alguns comentários agressivos. Comenta-se que algo bastante semelhante havia acontecido na semana anterior e que Dawn fora insultada especialmente por Lynn, Vincent e Judith, tendo-se "chegado a um ponto perigoso".

O diretor conclui que parte da hostilidade em relação a ele e a outras pessoas da equipe tem a ver com sua aparente incapacidade de controlar Dawn. Ela faz com que os outros membros do grupo fiquem muito chateados e dá a impressão de que não reage a nenhuma manifestação de aborrecimento da parte deles. Fica evidente que o fato de Dawn "dormir" é uma enorme provocação. Ela precisa de ajuda, mas é pouco provável que ela peça isso ou que aceite alguma sugestão.

A dramatização

O diretor quer saber se o fato de ela "não votar" poderia ser entendido como um jeito de chamar atenção. Ele sugere, surpreendentemente, que Dawn seja a protagonista, apesar de ela aparentemente não o desejar.

Os participantes do grupo fazem um círculo em torno de Dawn, que continua sentada na cadeira. Felizmente, as pessoas que mais criticavam Dawn eram as mais interessadas em ajudá-la.

Todos sabiam que Dawn teria de ir conversar à tarde com o enfermeiro-chefe, Donald, sobre o encontro com a assistente social das crianças, Ruth, que estava negociando a possibilidade de Dawn visitar seu bebê, que havia sido levado para um orfanato. Dawn estava apavorada com o encontro com a assistente social das crianças, com medo de ela "comprometer" a entrevista e não lhe permitir acesso a Suzanne, sua filhinha. Ao mesmo tempo, ela se sente culpada por ter magoado Ruth, que lhe dera, durante anos, um enorme apoio.

A dramatização começa com Vincent no papel de enfermeiro-chefe, ligando para a casa dela. Para fortalecê-lo, ele é autorizado a conduzir a cena e ser também um dos principais personagens. Ele comenta como está se sentindo no papel do enfermeiro-chefe, que desempenha muito bem. A certa altura, tem-se a impressão de que o psicodrama era dele, Vincent, mas depois, como um verdadeiro diretor, ele se dirige aos membros do grupo e lhes pede opinião e conselho.

Pede-se que alguém faça, agora, o papel de Ruth, a assistente social das crianças. Lynn se oferece, depois de se informar um pouco a respeito da reunião proposta com a assistente social. Amanda faz o papel de Dawn, como um dublê. Nesse momento Dawn, que continuava aboletada em sua cadeira, começa a prestar mais atenção. Ela finalmente concorda em inverter papéis com Ruth, esclarecendo o objetivo da entrevista.

No papel de Ruth, ela explica que Dawn tinha sido casada com Brian, uma pessoa que ela conhecia desde criança, pois eram vizinhos. A mãe de Brian muitas vezes levava Dawn para sua casa, porque sua mãe não achava fácil lidar com ela, mesmo sendo muito pequena. Brian era, no começo, uma espécie de irmão adotivo. O relacionamento conjugal deles entrou em crise quando um inglês, traficante de drogas, entrou em cena. Finalmente, Brian e Dawn se separaram e o filho foi levado para um orfanato.

O grupo fica sabendo, em seguida, que Brian havia voltado para Dawn, que na ocasião tinha dado à luz Suzanne, filha dela com outro homem. Ruth, a assistente social das crianças, que estava extremamente preocupada com a situação, manteve Dawn sob estrito controle; longe de sentir isso como uma intrusão em sua vida privada, Dawn considerava Ruth uma grande amiga, talvez a única pessoa com quem ela poderia falar com segurança sobre seus problemas com a família.

Infelizmente, Brian começou a drogar-se de novo, e Dawn sabia que se dissesse isso para Ruth, além do filho mais velho que já estava internado, Suzanne também seria levada para uma instituição.

Dawn diz que não queria ser desonesta com Ruth e, assim, quase um ano antes (faltavam dois dias!), ela insistiu para que Brian a deixasse. Dawn explica como sentia raiva de Brian, mas tinha sentimentos ambivalentes em relação a ele. Sua moradia estava longe de ser satisfatória; era uma casa destinada a várias pessoas desamparadas, que apareciam para ocupar quartos individuais. A supervisão era precária. Havia brigas com o proprietário nas sextas-feiras à noite se o aluguel não fosse pago; as pessoas entravam e saíam, embriagadas, logo de manhã. Uma noite Dawn se envolveu numa briga e foi levada presa. O bebê ficou alguns dias num orfanato.

A atmosfera na casa ficou pior quando Brian tentou voltar. Dawn tentou expulsá-lo. O bebê estava chorando. Dawn já não conseguia suportar a angústia (ela se acostumara a dissimular a frustração porque se sentira traída, no passado, quando expressara seus verdadeiros sentimentos; quando já não os conseguia conter, eles explodiam, de forma excessiva e descontrolada). Como conseqüência, ela bebia e saía, deixando o bebê com uma amiga que não se caracterizava exatamente pelo senso de responsabilidade. Ela não conseguia explicar a Ruth que não dava conta do choro do bebê, porque ele já estava cadastrado como um bebê em situação de risco, sendo portanto suscetível de ter sua situação investigada e ser recolhido.

Mesmo assim, mais tarde, Dawn se sentiu traída por Ruth quando Suzanne foi finalmente levada para um orfanato.

Dawn agora tem medo de se encontrar com Ruth. Talvez esteja assustada com sua própria raiva em relação a ela, ou talvez tenha projetado sua raiva em Ruth de tal forma que acabou achando que ela estava brava por Dawn não ter cuidado direito do bebê.

Foi pedido que Dawn invertesse papéis com Ruth. Nessa posição, Dawn pode dar-se conta das duas lealdades de Ruth, uma em relação a ela, apoiando-a juntamente com o bebê, e a outra em relação aos dirigentes do seu departamento, que são obrigados a respeitar as exigências legais e a levar em conta diretrizes políticas (Figura 1). Essa constatação foi uma revelação para Dawn, que até essa inversão de papéis não tinha uma idéia clara a respeito da dupla responsabilidade de Ruth.

Além da inversão de papéis, o diretor usa o dublê de Dawn, Amanda, para "inserir", indiretamente, uma informação privilegiada. Isso não é comum no psicodrama clássico, mas nessa intervenção estratégica o objetivo maior era permitir a Dawn encontrar-se com sua assistente social de maneira construtiva. O dublê, com base na sugestão do diretor, pergunta retoricamente: "Alguém, em algum momento, cuidou de mim e me decepcionou depois?". Dawn responde que sua mãe adotiva tinha sido boa para ela. Ela não a vê faz muitos anos e tem medo de se encontrar com ela, embora sinta vontade de fazê-lo, desde que tenha "apoio".

O dublê em seguida protesta: "Ninguém me põe em primeiro lugar; eles põem o bebê primeiro, mas nunca eu...! Como posso dizer o que realmente sinto quando as necessidades dos outros sempre são consideradas mais importantes?". Esse sentimento de nunca ter prioridade é um tema recorrente na vida de Dawn.

Ao final do psicodrama, Dawn havia estabelecido um contato bom com o grupo e disse que estava se sentindo mais preparada para o encontro com Ruth.

Na fase do compartilhamento, Lynn, que tinha feito o papel de Dawn por ocasião da inversão de papéis, disse que se identificou com Dawn em sua solidão e em sua necessidade de beber. Quando indagada sobre como se sentiu como Ruth, a assistente social das crianças, Lynn disse primeiro que não havia sentido muito; porém, na seqüência do compartilhamento, deu-se conta de que estava na realidade muito ligada no desafio de Dawn. "Isso sou *eu*", disse Lynn. "Eu consigo ver como não expresso minha rebeldia. Eu reprimo. Não me dou conta dela e ninguém fica sabendo!" Esse *insight* trouxe temas importantes que, mais tarde, Lynn teve oportunidade de trabalhar. Além disso, Lynn, que tinha diploma na área de ciências sociais, chegou a dizer, depois, que tivera intenção de ser assistente social!

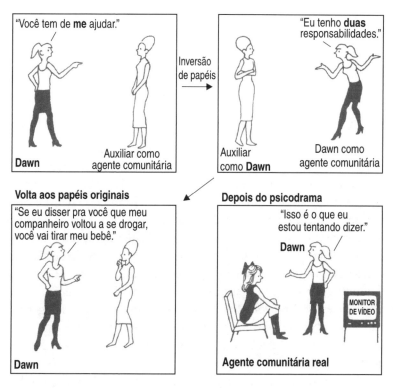

FIGURA 1

Seqüência

Naquela tarde, Dawn assistiu, junto com a enfermeira-chefe (Figura 1), ao vídeo do psicodrama. Alguns dias depois elas encontraram Ruth e lhe mostraram o vídeo. Dessa maneira, Dawn conseguiu começar a retomar o diálogo com Ruth e com o departamento de assistência a crianças.

Mais tarde, quando a equipe estava segura de que ela não entraria em surto ao encontrar sua filha, ela pôde visitar Suzanne. A dificuldade de Dawn de "enfrentar" as pessoas com quem tinha rompido – aquelas de quem precisava e mais gostava, mas sentia que a tinham decepcionado (ou traído) – era uma característica mais geral da relação dela com pessoas importantes de sua vida.

Descobriu-se depois que ela não tinha conseguido "enfrentar" sua avó durante três anos por causa do medo de contar que o filho havia sido levado para um orfanato.

Considerações finais

Esse psicodrama, na medida em que surgiu do processo grupal durante o aquecimento, se tornou um veículo para o diretor a) focalizar um problema grupal, a aparente indiferença em relação à equipe (mais tarde explicitada pelo negativismo de Dawn); e b) favorecer o início do processo de reconciliação de Dawn com a assistente social, o que resultaria na possibilidade de visitar o bebê. O termo "estratégico" é empregado aqui porque o diretor estava usando o psicodrama, conscientemente, como um meio de atingir um objetivo particular dentro do cuidado global com Dawn. Além disso, ele também estava controlando Dawn, seguindo sua própria agenda e não a dela. Não se sabe até que ponto Dawn entendia o plano do diretor, tampouco o diretor estava completamente seguro a respeito de quando ele tinha formulado a idéia.

Por causa da atitude negativista de Dawn, o diretor havia decidido ser bastante diretivo no psicodrama. Talvez fosse isso de que a protagonista estivesse precisando, uma vez que ela decidiu acompanhar. Embora o padrão complementar "o diretor dirige/o protagonista segue" tenha sido mantido ao longo da dramatização, Dawn se tornou gradualmente mais cooperativa.

Esse estilo de tratamento vigoroso em resposta à resistência passiva desafiadora de Dawn faz parte de um padrão que tinha sido adotado ao longo dos entendimentos dela com o departamento de assistência a crianças e com os serviços de saúde. Um incidente precoce aconteceu quando ela tinha 14 anos; a polícia fora chamada a uma casa indescritivelmente imunda, para arrombar a porta do quarto de Dawn, imaginando que ela tinha se trancado por dentro. O quarto dela era impecável se comparado à sujeira do restante da casa da mãe. Dawn tinha sido levada para uma mãe adotiva, que ela valorizava muito. Mais tarde, cerca de um ano depois desse psicodrama, o diretor, que era o psiquiatra de Dawn, decidiu visitar a avó dela, que Dawn não via havia três anos. Ele temia que a avó tivesse "o coração partido" se descobrisse que os filhos de Dawn estavam num orfanato. A avó, sem nenhuma surpresa, estava muito preocupada com Dawn e ficou aliviada por saber que ela estava bem de saúde. Dawn, tendo ouvido que a avó tinha sobrevivido ao saber das notícias, ficou em condições de vê-la, e em seguida foi organizada uma visita; na "vida real", como no psicodrama, a uma iniciativa se segue, ao final, uma cooperação!

Para resumir em linguagem sistêmica: o psicodrama foi um exemplo tanto da metáfora como do isomorfismo. O tema "assumir responsabilidade", que apareceu pela primeira vez no aquecimento visando à escolha do protagonista, e depois fazendo referência à gravidez de uma paciente, continuou na fase de dramatização, quando o diretor finalmente assumiu o controle. Esse tema foi focalizado, ao final, na responsabilidade da assistente social de crianças em relação ao bebê de Dawn. O negativismo de Dawn poderia, então, ser considerado um sinal camuflado do seu desejo de alguém assumir responsabilidade por ela, e um desafio para que o grupo tentasse isso. Atendê-la, porém, teria sido retirar a responsabilidade de Dawn, quando o propósito da terapia seria capacitá-la a aceitar sua própria responsabilidade. O dilema se resolveu quando o grupo assumiu responsabilidade por si mesmo em relação a Dawn. O psicodrama foi, então, o meio pelo qual os membros do grupo e o diretor trabalharam juntos sua responsabilidade comum por sua relação com Dawn.

A resposta de Dawn foi adequar-se a essa noção. Ela assistiu ao vídeo à tarde e depois com Ruth, como um jeito de obter informação que de outro modo não teria. O psicodrama, realizado com um protagonista que não tinha conseguido, inicialmente, fazer uma escolha, foi uma metáfora para uma mãe que assume responsabilidade por um filho que não pode tomar decisões por si mesmo, mas só o faz até o ponto de possibilitar à criança ver como pode exercitar suas opções.

5

O psicodrama como fonte de informação

A formulação de uma hipótese sistêmica no atendimento de um paciente esquizofrênico internado

O psicodrama pode ser útil para proporcionar dados a respeito dos antecedentes de pacientes psicóticos que, por ocasião do levantamento da história clínica, não conseguem associar experiências atuais com eventos passados. Quando se libera o paciente do esquema de pergunta-e-resposta da pesquisa formal de sua história e se lhe proporcionam métodos de ação como linguagem acessória, ele consegue, por meio das inversões de papel, relembrar e descrever eventos que, de outra forma, permaneceriam inacessíveis à consciência.

Este capítulo mostra como sinais clínicos e envolvimento familiar, associados ao material da história do caso e do psicodrama com o paciente, possibilitam a formulação de uma hipótese sistêmica a ser testada pela ação, durante a internação. A Figura 1 ilustra esse processo.

***

Numa sessão de psicodrama, foi pedido a Edith, uma mulher de meia-idade, com esquizofrenia crônica, que assumisse o papel de seu irmão um pouco mais velho, que morrera quando criança (Figura 1F).

Ela fala como se ele tivesse retornado, vivo, com a idade que teria atualmente. No papel do irmão, ela descreve como suas duas irmãs mais velhas o mimavam e o quão importante ele era para elas, pelo fato de a mãe, oprimida pelo pai tirânico e alcoólatra, não estar emocionalmente disponível para os filhos. As irmãs ficaram arrasadas com a morte do irmão e direcionaram sua atenção para Edith, para preencher a lacuna. Uma das irmãs teve um filho mais tarde, como mãe solteira, provavelmente como tentativa de ter alguém para amar que fosse só dela, em vez de ter de compartilhar Edith com a outra irmã. Isso ocorreu antes da Segunda Guerra Mundial. Dois parentes próximos tinham se suicidado, um deles no período de luto pela morte de um filho. A vergonha familiar diante do que, na ocasião, era sentido como acontecimentos sobre os quais não se podia falar – um filho ilegítimo e um suicídio – as isola de outras pessoas. Elas consideravam que até mesmo dentro da família, como filhas, esse assunto não deveria ser mencionado.

Seis anos depois desse psicodrama, Edith foi reinternada com sinais catatônicos negativos; ela estava muda e se recusava a comer ou a sair da cama (Figura 1A).

Buscando uma hipótese sistêmica para explicar a recidiva de Edith e para a forma como isso aconteceu, o psiquiatra tentou relacionar as relações familiares atuais com o que tinha sido identificado por ocasião do psicodrama. Nas sessões com a família, parecia que as irmãs relutavam em discutir mais profundamente o contexto familiar.

Constatou-se que as irmãs visitavam Edith com freqüência, durante a internação, e que elas vinham sempre juntas. Descobriu-se mais tarde que, quando Edith estava em casa, as irmãs mantinham contato regular com ela, mas não entre si.

Também se observou que havia um conflito potencial entre as irmãs a respeito da necessidade de uma contar com a outra para ajuda financeira. De vez em quando elas tinham seus problemas, que não conseguiam compartilhar entre si. Edith porém era um ponto de convergência: se as irmãs quisessem entrar em contato uma com a outra, a internação hospitalar de Edith lhes proporcionava uma "razão" para isso. Além disso, ao se preocuparem com Edith, deslocavam para ela as preocupações consigo mesmas.

A hipótese (Figura 1H) era de que quando as irmãs tinham seus problemas, tais como doença ou conflito com os filhos, elas se comunicavam com Edith e a respeito de Edith. É bem possível que para ela tenha sido pesado ter esse papel de receptora final. O que poderia ter contribuído para sua recaída seria uma confusão: não estava claro para ela se as irmãs eram solícitas para com ela ou se estavam fazendo uso de sua doença como um meio de administrar sua própria angústia. As duas coisas poderiam ser verdadeiras. O mutismo de Edith, a recusa de alimento e a hospitalização poderiam estar indicando que ela estava tanto desejando ser hospitalizada quanto protestando contra o cuidado médico. Ela queria livrar-se da ansiedade de suas irmãs e ao mesmo tempo estar disponível para as necessidades delas. A solução de Edith, diante do paradoxo de "querer" ser visitada e também "não querer" ser visitada, seria hospitalizar-se e não conseguir falar: as irmãs poderiam visitá-la e encontrar-se entre si, mas não poderiam conversar com Edith uma vez que ela não falava.

O significado sistêmico do mutismo de Edith e a natureza paradoxal de seus sinais catatônicos poderiam ser explicados então por sua ambivalência profunda tanto em relação às irmãs quanto ao ser cuidada no hospital.

Nas sessões familiares, compareciam as irmãs e os respectivos maridos, mas nunca ambos os maridos ao mesmo tempo. As justificativas eram plausíveis, mas havia uma suspeita de que poderia haver algum conflito entre eles. Algumas das ansiedades específicas de cada um foram abordadas, mas havia grande resistência a isso; eles queriam focalizar a doença de Edith (Figura 1G). Quando se percebeu que, quanto mais eles agiam dessa forma, mais intensa se tornava a ambivalência de Edith em relação ao estar "doente", foi feita uma intervenção estratégico-estrutural (Figura 1N): restringiu-se a visita das irmãs e elas poderiam visitar Edith só quando ela estivesse em casa (para onde a enfermagem psiquiátrica comunitária a levava para períodos cada vez maiores, durante o dia).

Edith, 60 anos

Esquizofrenia   (Catatonia negativa)

A.   Apresentação

Hospital psiquiátrico

Muda
Recusa comida
Recusa-se a ir dormir

Visitada por duas irmãs mais velhas

B.   História da doença psiquiátrica

Idade	Doença Psiquiátrica
35	Depressão após separação conjugal
40	Anorexia nervosa Dois anos de cama em casa – perda de peso
43	Diagnosticada esquizofrenia 10 anos com neurolépticos via oral Trabalhando como PA com um funcionário público importante
53	Recaída. Pára de trabalhar e procura a mãe. (Pai morre) Faz uma sessão psicodramática.
54	A mãe morre. A paciente vive sozinha em casa.
58/59	Internações freqüentes

C.   Conexão entre A e B? Relacionamento de Edith com as irmãs.
D.   O que está faltando? Uma compreensão das irmãs de Edith.
E.   O que ajudaria dar sentido ao estado mental de Edith?
F.   Psicodrama de Edith (Informação em retrospecto).

(53 anos de idade)

Assume o papel de seu irmão, que morreu quando criança, antes do nascimento de Edith.

Utilizando a realidade suplementar, ela fala como se o espírito dele ainda estivesse vivo, relembra fatos e traz informações que nem as irmãs nem Edith, em condição normal, iriam discutir.

Dois parentes cuidadores   • $ Suicida   • $ Suicida

A "mercearia" da família

Mãe	
	Pai (alcoólatra)

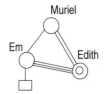

FIGURA 1

G. Sessões com a família

O luto das irmãs pela morte da mãe se transforma em cuidados para Edith.

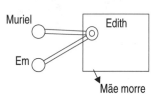

Mas quem cuida de quem?

H.

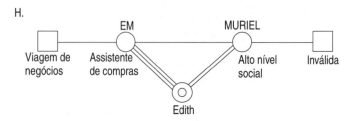

Hipóteses:

1. Edith regula a relação entre Em e Muriel.

2. Mas, se Edith sozinha não consegue, a estrutura do hospital psiquiátrico a ajuda nesse papel.

I. Intervenção:

1. Restrição no tempo de visita das irmãs no hospital.
e depois

2. As irmãs só podem visitar Edith quando ela está em casa.

(Edith é levada para casa, pela enfermagem psiquiátrica comunitária, por períodos crescentes de tempo.)

O plano deu certo. Edith tinha regulado a relação entre suas irmãs, desde a infância, de tal forma que elas tinham dado a ela, juntas, o tempo e amor que elas não tinham conseguido da mãe. Edith tinha também preenchido o vazio deixado pela morte do irmão. No interregno entre seu psicodrama e a recaída, depois de seis anos, a mãe morrera, e Edith uma vez mais tinha preenchido uma lacuna, tornando-se o foco da preocupação de suas irmãs. A crença inconsciente da família parecia ser que o luto seria resolvido procurando-se uma figura substituta.

Se, porém, Edith sozinha não podia ser continente da angústia das irmãs ou calibrar seu contato emocional, então a estrutura do hospital como instituição fazia isso em seu lugar. Infelizmente, esse padrão era disfuncional e poderia autoperpetuar-se (até que fosse decifrado o significado sistêmico global, ocorreu uma sucessão crescente de períodos de internação). Privadas do uso da doença de Edith e da hospitalização como um meio de lidar com a ansiedade e o luto, as irmãs tiveram, presumivelmente, de encontrar métodos alternativos; desde a intervenção final, Edith passou a morar, sozinha, em sua própria casa e sem sintomas significativos. Ela era assistida pela enfermagem psiquiátrica comunitária e tomava neurolépticos por via oral.

Recapitulando, foi o psicodrama que permitiu ao psiquiatra/diretor estabelecer uma conexão entre o padrão de relacionamento atual das três irmãs e um padrão semelhante no passado remoto. Ficou claro, assim, que a doença de Edith tinha o sentido de regressão a uma criança desamparada que precisava do cuidado das irmãs, ao mesmo tempo que o preenchimento de um vazio, possibilitando o deslocamento de preocupações com outras pessoas, vivas ou mortas.

O psicodrama de seis anos antes pode ter ajudado Edith, diretamente, na ocasião, mas neste caso sua maior importância foi ajudar o psiquiatra a construir uma hipótese sistêmica que explicasse as recaídas dela. Do ponto de vista teórico, com relação à psicopatologia de Edith, foi interessante ver o quanto ela foi espontânea no papel do irmão, em comparação com o comportamento formal e previsível que tinha construído durante anos (ela tinha sido diagnosticada como esquizofrênica dez anos antes do psicodrama e vinha utilizando medicamentos continuamente durante esse período). A idéia de que Edith tinha permanecido identificada toda sua vida com o irmão morto, tanto no inconsciente familiar como no dela mesmo, responderia tanto pela falta de senso de ego, culminada na esquizofrenia, como também, ironicamente, pela espontaneidade que ela exibiu no papel de seu irmão!

Diagnóstico do distúrbio tensional pós-traumático

Danielle, uma mulher de quase 50 anos, vinha procurando intermitentemente os serviços de saúde mental durante 22 anos. Originalmente, apresentava-se como bastante dependente, muito ansiosa, fóbica e com personalidade histriônica. No início, ela tinha conseguido persuadir seu sogro a acompanhá-la às sessões de terapia grupal e até mesmo a ficar esperando para levá-la para casa. Ela havia tido uma relação ambivalente com um pai possessivo e uma mãe superprotetora, tendo-os deixado na Bélgica para ir morar em Guernsey, embora não pudesse se automanter. Pensou-se que ela apresentava angústia de separação, aliada a uma necessidade de se diferenciar da mãe e do pai como forma de não se envolver nos conflitos matrimoniais deles. Uma das conseqüências de sua necessidade de garantir a identidade, ao mesmo tempo que tinha necessidades profundamente dependentes, foi que sempre que algum terapeuta parecia chegar perto demais ela desaparecia por um tempo, o suficiente para ser encaminhada a um novo médico ou profissional da equipe.

No aquecimento de uma sessão de psicodrama (Figura 2), ela mais uma vez deu mensagens contraditórias. Uma, era que ela tinha "borboletas". A outra, era que ela "não estava em condições" de trabalhar seu problema. Os membros do grupo a questionaram: como ela poderia saber quando estava pronta? Danielle exibiu uma incrível teimosia, recusando-se a ser persuadida, até que fez "um acordo": ela seria a protagonista se antes pudesse passar cinco minutos no banheiro.

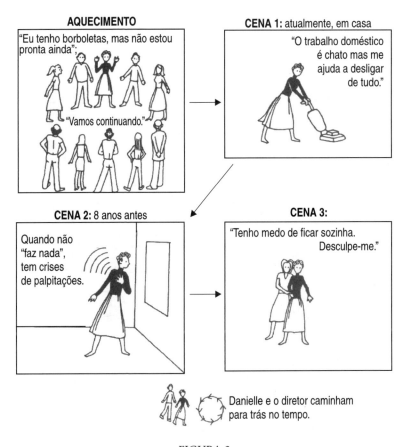

FIGURA 2

O contexto do aquecimento foi, provavelmente, muito relevante: Danielle estava expressando a preocupação do grupo com a passagem do ano e os sentimentos ambivalentes em relação ao ano-novo (era o primeiro psicodrama do novo ano). Havia uma determinação de fazer mais do que no ano anterior, mas isso estava mesclado com a cautela no enfrentar, uma vez mais, a tristeza, a dor, o trabalho e o conflito. Era uma atitude de ataque e fuga, manifestada pelos membros do grupo, muito mais acerca do futuro do que da relação entre eles.

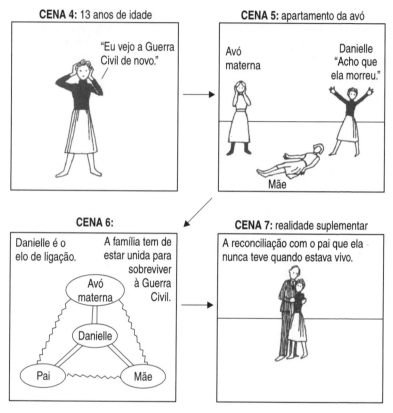

FIGURA 2 *(CONTINUAÇÃO)*

No começo da dramatização, aparece o medo de Danielle de sentir palpitações, no contexto de uma existência isolada, fútil, em casa, onde ela faz os serviços domésticos repetitiva e excessivamente, sem nenhuma alegria.

Na realidade, o tédio e o desprazer de "fazer" o trabalho servem para desviar sua mente de qualquer outro pensamento ou sentimento. Vai-se para a cena em que o pânico começou, no quarto da casa dela, oito anos atrás; as palpitações acontecem "inesperadamente", quando ela está olhando pela janela, para nada em particular. (Talvez seja relevante, realmente, que ela de fato *não* esteja "fazendo" nada no momento.) Ela sente muito medo de ficar sozinha e busca a companhia de um vizinho mais jovem, sem contudo "admitir" que ela tem palpitações até que, mais tarde, ela conhece uma mulher mais velha com quem sente que é mais fácil relacionar-se. Nessa altura, Danielle começa a chorar e a pedir desculpas, como se estivesse "confessando" a uma mulher forte que ela está triste e amedrontada.

Pelo recurso técnico e metafórico de caminhar em círculo anti-horário de mãos dadas com o diretor, Danielle é conduzida para uma cena passada, parando na idade de 13 anos. Ela está fugindo da África, com seus pais, por ocasião de uma guerra civil colonial. As pessoas estão se suicidando, pulando dos navios, ao deixarem sua pátria. Danielle "vê" isso novamente na medida em que descreve a cena, treme de medo e urra de aflição. Ela precisa ser fisicamente amparada pelo diretor. Ele pergunta a ela se alguma vez ela tinha falado disso antes, e ela meneia a cabeça negativamente.

Depois, ela volta a uma cena em que tem nove anos, num apartamento grande, da avó materna, na capital. A avó e a mãe estão discutindo. Danielle gosta muito das duas e as admira. Ela é a quinta de sete filhos e a primeira mulher, sendo a predileta do pai. Ele é um aristocrata orgulhoso, que no entanto obriga a família a morar no apartamento da sogra, por causa de sua insolvência; ele era um garotão que mal tinha começado a carreira profissional quando Danielle nasceu. (Não seria Danielle – uma filha – o ingrediente de que a família necessitava para funcionar? Será que a mãe não teria continuado tendo filhos, na esperança de ter uma filha, para conseguir que o pai trabalhasse?) Quando ela estava fazendo os papéis dos vários membros da família, solicitou-se que Danielle falasse em flamengo, sua língua materna, o que costuma intensificar o sentido de imediaticidade.

Danielle tem um grande senso de responsabilidade, que se revela na medida em que a discussão entre a mãe e a avó vai ficando mais acirrada. A mãe diz: "Vou fazer do jeito que eu quiser", e, em seguida, cai inerte no chão, desmaiada. Danielle, chorando, pensa que ela morreu. Pega uma imagem da Virgem, coloca no peito da mãe e reza.

Danielle fala dos dois anos seguintes, dizendo: "Eu fiz coisas que ninguém imagina que uma criança faria". Havia os horrores da guerra civil e do terrorismo, de segredos que, se não fossem mantidos, levariam ao assassinato do traidor. Casas eram perdidas, vidas arruinadas e famílias separadas.

O diretor se dá conta de que desde aquela época Danielle vem sofrendo de uma tensão pós-traumática. Ao horror de pensar que ela tinha visto a mãe morrer e aos horrores de uma guerra civil se sobrepôs um conflito familiar, que Danielle experiencia como algo centralizado nela. É provável que uma situação tenha intensificado a outra. O dilema, para a família como um todo, era se devia ou não deixar a pátria africana e, nesse caso, qual era o momento de partir. A outra dúvida dos pais era se continuavam juntos ou não. Danielle era a ponte entre eles; a mãe, a avó e o pai a valorizavam muito, e na condição de primeira filha ela desfrutava de uma posição especial tanto como queridinha quanto como aquela que poderia garantir a felicidade para todos.

Para sua sobrevivência psicológica, os expatriados belgas tinham de se manter unidos, garantindo sua moral por meio de uma atitude grupal de "desafio", como a mostrada por Danielle. Isso era verdade tanto para a comunidade como um todo quanto para a família. O equivalente do "pacto de silêncio" era o desafio individual interno, semelhante aos da família e do grupo, de considerar arriscado e amedrontador revelar-se aos outros, uma vez que isso corresponderia a um ato de infidelidade e corroeria a solidariedade entre as pessoas. Não era de estranhar que Danielle fosse "resistente" no aquecimento. Ela não estava acostumada a permitir que o medo e a tristeza aparecessem. No decorrer da primeira crise de palpitações, oito anos antes, ela não tinha sequer mencionado ao jovem vizinho sua taquicardia, que ela sentia como causa do problema. Chegou a pedir desculpas até mesmo ao diretor, como se as lágrimas fossem uma "confissão" de sentimentos que ela não deveria possuir; sua preocupação era que essa cena de choro não responsabilizasse indevidamente alguma outra pessoa.

É típico da situação que dá origem à tensão pós-traumática a lágrima associada a uma incapacidade momentânea de fazer qualquer coisa prática em relação à tensão, seja para aliviar ou para lutar, especialmente diante de outras pessoas. Outra característica é a incapacidade de compartilhar com os outros, no momento, sentimentos de pânico, dor e desespero. Essa era a situação de Danielle. O resultado foi uma supressão desses sentimentos ou uma negação de sua existência. Freqüentemente, como no caso de Danielle, os sentimentos são suprimidos da memória consciente, ao custo de depressão resistente a drogas, ansiedade generalizada, pesadelos, fobias ou sintomas corporais; muito freqüentemente a ligação entre os sintomas e a tensão original permanece fora da consciência.

Para ajudar Danielle a começar a trabalhar a tensão, o diretor levanta a questão do pai dela que, como se soube anteriormente, na dramatização, havia morrido quatro anos antes. Danielle tinha mencionado um objeto, um presente do pai, que ficava na entrada de sua casa. Depois de ter levado Danielle a reviver conscientemente alguns dos episódios traumáticos de sua infância e a se dar conta de como seus sintomas faziam sentido, o diretor precisava ajudá-la a lidar com a angústia. Um método já utilizado era a catarse: reexperienciar o trauma, permitindo ao mesmo tempo expressar seus verdadeiros sentimentos, antes de fazer algo positivo a respeito da situação. Outro recurso seria capacitá-la a compartilhar os sentimentos com os membros da família – algo que uma criança teria precisado fazer para sentir-se protegida e confortada.

Pergunta-se a Danielle se há alguma conversa que ela gostaria de ter tido com o pai antes que ele morresse. Ela prontamente concorda em inventar uma cena com o pai, que poderia ter acontecido se ele ainda estivesse vivo. Ela escolhe um lugar protegido, ao ar livre, na Bélgica. Ela não tinha dito diretamente ao pai que o amava, e deseja aproveitar essa oportunidade. Invertendo o papel, fazendo o pai, ela diz que se orgulha da filha; que ele não era uma pessoa de convivência fácil, que nem sempre fez o que deveria ter feito como marido ou como pai, mas sempre tinha amado e respeitado a filha. De volta a seu papel, Danielle ouve o auxiliar, como pai dela, repetir isso. Ao ouvir, ela cai em prantos de alegria, experimentando ao mesmo tempo uma tristeza profunda pelo fato de que essa conversa seja também uma despedida. Eles dão um abraço final e o grupo se aproxima para compartilhar.

Uma pessoa do grupo fala das dificuldades que teve de lidar com o amor por um pai que tinha sido cruel com ela. Outra conta uma conversa recente com o pai, que tinha feito questão de ter depois de uma dramatização. Uma terceira mulher menciona sua dificuldade em falar pessoal ou reservadamente com o pai, por saber que ele sempre iria contar à mãe o que ela lhe dissesse.

* * *

Em termos psiquiátricos, esse psicodrama visava ao diagnóstico e ao manejo da tensão pós-traumática. De uma perspectiva psicodinâmica, seu foco era a negação, o deslocamento e a compulsão à repetição: a paciente tentava repetir o trauma indefinidamente, na esperança de dominá-lo, mas só falhava. Em linguagem sistêmica, o psicodrama era também isomorfismo e metáfora. Seu estilo de vida atual reproduz a época em que vivia na África, quando não podia sair de casa. Sua obstinação, como aparece no aquecimento, indicaria a permanente necessidade de manter sob controle o que ainda é visto como um mundo muito ameaçador. O pânico e as palpitações simbolizam a morte da mãe, tal como foi percebida, e constituem também uma tensão somática equivalente à tensão psicológica que ela não pode mostrar atualmente, uma repetição do passado, quando todos tinham de ser corajosos. A relação dela com o hospital e com a equipe, durante anos, também poderia ser vista como representando, ou simbolizando, a relação dela com a família no fim da infância: uma superdependência que surge da ameaça de perigo externo, associada a uma necessidade de fugir como reação a isso (o que aparece na troca de terapeutas ou médicos), para evitar um conflito de lealdade entre ela e as figuras parentais.

6

O efeito de um papel terapêutico sobre outro num serviço público de saúde mental

Este livro apresenta um material clínico dos pontos de vista de um psiquiatra, de um profissional de psicodrama ou de um terapeuta familiar, dependendo da posição exigida em cada situação particular. As situações podem surgir com um paciente individual, um grupo de terapia ou uma família. No Capítulo 1, foram analisados os modos pelos quais os membros de uma equipe podem também ajustar seus papéis de acordo com a tarefa com que depara a equipe clínica. Uma das manifestações do isomorfismo (para uma avaliação desse fenômeno, ver Shazer, 1982) é a tendência de uma equipe terapêutica, ou de uma rede de agências, a reproduzir as atitudes conflitivas que operam na família que está sendo consultada.

A consciência desse fenômeno é útil para o diagnóstico ou para a compreensão de como a família opera, não só em relação aos membros da equipe ou às agências, mas também no âmbito do próprio sistema familiar, e principalmente como a família poderia funcionar se as agências não existissem. Um procedimento semelhante foi utilizado nos grupos de médicos de família de Balint (1964), onde os sentimentos surgidos dentro do grupo durante a discussão de um caso eram utilizados para ajudar o apresentador do caso a entender sua resposta ao paciente e a adotar uma atitude terapêutica adequada.

Na psicoterapia analítica, só o terapeuta precisa reconhecer e dar continência às projeções do paciente, procurando dar-se conta dos sentimentos mobilizados como resposta à comunicação com o paciente.

Desse modo, o terapeuta pode experimentar as sensações que o paciente considera difícil experimentar, utilizando esse conhecimento como informação diagnóstica e o processo como um continente para as ansiedades do paciente.

É possível também (como eu pretendo explicar num próximo livro) organizar todo um sistema de atenção à saúde mental de tal forma que ele possa ser sensível aos diferentes modos pelos quais os casos se apresentam, seja como indivíduos, seja como encaminhamentos familiais ou como problemas complexos que incluem diferentes agências. Se o sistema for suficientemente flexível, como costuma acontecer em uma comunidade pequena, para levar em conta experiências prévias com o paciente ou com a família, então essa informação sobre como o sistema de atenção à saúde foi afetado pela procura ou pela indicação pode ser utilizada pela equipe ao decidir a conduta adequada.

Assim, para ser eficiente, a equipe tem de ter a capacidade de se comunicar internamente, e o membro mais envolvido com o paciente em dado momento deve poder adotar a atitude adequada, de acordo com a formulação da equipe. Isso pode requerer que a enfermagem psiquiátrica comunitária (EPC) se torne, por um lado, um investigador social e captador de informações e, por outro, um regulador de distância (por exemplo, ajustando o tempo empregado entre o paciente e sua família). Essa EPC deveria ser capaz de desempenhar esses dois papéis, tanto em virtude de seu relacionamento pessoal com a família quanto por conveniência administrativa.

O caso de Edith, no Capítulo 5, é um exemplo típico do trabalho psiquiátrico que inclui a utilização das experiências prévias de um paciente, inclusive material psicodramático, para permitir à equipe, ao paciente e à família solucionar um dilema emocional e para permitir que se evidenciem os aspectos clínicos do problema.

Em alguns casos complexos, especialmente aqueles que envolvem a interação de vários elementos, como o de Edith, se requer mais de uma intervenção. Em outros, mesmo os prolongados, pode ser suficiente uma intervenção que use apenas uma modalidade terapêutica. Ao contrário do caso de Edith, que exigiu a estrutura física do hospital e a intervenção ativa da enfermagem comunitária, o caso de Danielle, que também aparece no Capítulo 5, é um exemplo de como o psicodrama, sozinho, parece desencadear uma mudança considerável em alguns pacientes, quando os membros da família não estão disponíveis e quando um paciente, por vontade própria, comparece ao hospital-dia especificamente para terapia de grupo e o psicodrama.

O psicodrama pode ser considerado uma estratégia para "jogar com o tempo". As fronteiras de tempo e lugar são definidas e redefinidas, permitindo organizar os eventos e reorganizá-los de acordo com os vários significados a eles atribuídos pelo protagonista, pelo diretor e pelos membros do grupo. Diferentes padrões de tempo conectam essas três partes, na medida em que o drama é criado socialmente e reconstituído de maneira recursiva.

Separando os componentes das preocupações atuais de Danielle (e seus acompanhamentos fisiológicos) de acordo com suas diferentes origens – fazendo os 90 minutos de ação psicodramática cobrir um período de 30 anos –, o "significado" da experiência dela ganha um contexto histórico: sua importância para Danielle, no passado, define sua significação posterior. Somente quando Danielle "vê" de novo o passado "esquecido" e, mais que isso, quando pela primeira vez "fala" dele, é que ela pode ver a conexão com suas atuais preocupações de vida.

Além disso, ela pode "falar" só agora, porque encontrou, por ocasião do seu psicodrama, um contexto atual no qual é seguro, pertinente e adequado falar dos eventos sombrios e dos dilemas dolorosos de seu passado. A lealdade para com os parentes e os perigos da guerra civil tinham concorrido para silenciá-la, sem que ela percebesse que, para poder ficar sozinha com suas experiências, foi forçada a ocultar as recordações, até mesmo de sua própria consciência. A mudança do referencial de tempo, no psicodrama, permitiu a Danielle aventurar-se no período anterior à imposição dos compromissos de lealdade, e a liberou para expressar aos membros do grupo – especialmente aos que estavam no papel de ego-auxiliar – o que ela enquanto criança tinha sido incapaz de mostrar: a raiva em relação à expectativa de seus pais e avós de que assumisse a responsabilidade por mediar os conflitos internos da família, na condição de filha predileta e de filha primogênita dos dois lados. Ela era a observadora solitária tanto da guerra civil quanto das hostilidades familiares, padrões isomórficos em que o efeito de uma parecia reforçar a outra.

Ela conseguiu, num segundo psicodrama, algumas semanas depois, expressar essa raiva mais vigorosamente e, uma vez mais, "ressuscitar" o pai e falar com ele sobre a mágoa e o luto que ela não tinha podido compartilhar com ele em vida, por causa da atitude defensiva dele. Depois disso, ela conseguiu começar a apaziguar, a "enterrar" com ele, suas coisas até então "inacabadas".

Danielle poderia ter recordado, sob hipnose, as mesmas cenas esquecidas, assim como poderia ter "revivido" a turbulência emocional por meio de uma ab-reação com amilobarbitúrico endovenoso, mas sua catarse teria sido completamente pessoal. Num referencial psicanalítico, teria sido interpessoal, o terapeuta representando talvez um pai, pela transferência. O psicodrama porém proporcionou a Danielle a oportunidade de se ver na situação que tinha vivido, tanto a partir de sua própria perspectiva como na posição de outros membros da família; sua situação difícil foi aprendida subjetiva e objetivamente. Os membros do grupo – e a própria Danielle, na inversão de papéis – permitiram a ela contar sua história, reviver a experiência e transformá-la em palavras.

A experiência transformada em palavras que outros podem ouvir é de uma ordem diferente daquela que não é articulada. Os pensamentos podem ser encarnados pela magia da linguagem, por palavras proferidas na companhia de pessoas que se sabe serem capazes de perceber e entender seu significado.

Quando o diretor, falando em nome do grupo, com o assentimento e reconhecimento de todos os presentes, inicia uma cena, tem-se, mediante seu significado compartilhado, uma realidade criada coletivamente: ela é vivida como uma cena "real", porque é ao mesmo tempo a "mesma" cena para o protagonista, para o diretor e para o grupo. A mãe auxiliar, deitada no chão e que se teme que esteja morta, é simbolicamente a mãe de Danielle, e a resposta de Danielle é socialmente autêntica. Ela não está simplesmente "atuando": naquele momento específico ela é Danielle de verdade.

A propriedade fundamental da ação como drama, porém, é o grau de envolvimento dos membros do grupo. Na verdade eles não observam, da mesma forma que o diretor observa o sistema como um todo, incluindo-se, esperançoso, como parte dele (Von Foerster, 1979). Eles também estão psiquicamente "no" drama. Por exemplo, a Danielle como criança ressoa, por identificação, com a "criança" de todos os membros do grupo. A dor dela é a dor deles. A catarse dela é também deles. Além disso, são particularmente os aspectos não desejados ou não conhecidos deles que vêm à luz nos dramas mais intensos. A criança carente, o perseguidor abusivo, o inaceitável socialmente excluído que existe em todos nós são representados na história do protagonista, às vezes inconscientemente, mas muitas outras com acesso à consciência. O protagonista não "trabalha" só ele, mas também os companheiros de grupo.

Além de permitir a um indivíduo "trabalhar" em nome de outros, o psicodrama pode exercer a função de "reciclar" uma parte daquilo que a sociedade rotulou como "refugo". Assim, a instituição de saúde mental, como recipiente dos aspectos rejeitados da sociedade, pode ser examinada, em termos microcósmicos, no psicodrama de Lucy, no Capítulo 3. A questão do *status* social é pesquisada e resolvida na cena que Lucy representa em nome do grupo, e nesse processo ela depura as projeções e introjeções que conduzem ao bode expiatório.

Nós vimos como, no aquecimento sociométrico para a cena de Lucy, a "excluída" se torna a "escolhida", padrão esse repetido na dramatização. A transformação de Lucy em protagonista eleito só ocorre porque uma estranha modificação aconteceu, ao mesmo tempo, no grupo como um todo: cada membro se transforma interiormente, de alguma forma; as partes inaceitáveis são sentidas e pessoalmente "possuídas", em maior ou menor grau, conscientemente ou não.

Essa transmutação, ou inversão, pela dramatização, também acontece, de outra forma, no papel das instituições públicas de saúde mental. Os hospitais psiquiátricos são em geral caracterizados por certo grau de estigma social, e muito se tem escrito sobre a maneira pela qual as equipes psiquiátricas são usadas quando a autoridade política é trazida para a administração dos manicômios e de seus internos. Foucault (1971) descreveu várias atitudes em relação aos hospitais psiquiátricos, de acordo com os períodos históricos, embora a precisão de sua pesquisa seja contestada por Merquior (1985). Atitudes diferentes em relação à "loucura" também parecem prevalecer dentro de comunidades pequenas mais do que nas maiores.

A família, em particular, pode ser o primeiro grupo a selecionar um de seus membros para ser o "paciente identificado". A família não pode porém, de jeito nenhum, descartar o paciente. Na verdade, os pacientes psiquiátricos são tipicamente caracterizados como sendo ou objetos de muita preocupação consciente da família ou então de muito pouca, quando eles ficam isolados e esquecidos num hospital. Ambos os padrões aparecem claramente por ocasião das visitas, quando alguns pacientes têm muitos visitantes e outros, como Dawn, no Capítulo 4, praticamente nenhum. Alguns pacientes são "estrela sociométricas" enquanto outros são "isolados". Alguns são vistos, com grande preocupação, como perturbados, doentes e "sofredores", enquanto outros são relegados à posição de excluídos, cuja humanidade não se supõe tenham experimentado com a verdadeira profundidade de sentimento de pessoas "normais".

Essa seleção não é determinada somente pelos outros membros da família. O paciente também tem seu papel nessa discriminação, independentemente da certificação legal de saúde mental. Numa perspectiva sistêmica, o paciente e a família podem ser considerados um "holon" ou "um sistema dentro de outro sistema" (para uma descrição desse termo, tomado de Arthur Koestler, ver Minuchin & Fishman, 1981), independentemente de o paciente estar ou não hospitalizado. Mesmo que o paciente possa não "escolher" conscientemente ser hospitalizado, ele tem dentro de si, isomorficamente, como num holograma, todas as partes do sistema familiar mais amplo e não resiste, em termos psicodinâmicos, em carregar, em benefício da família, as partes desta não desejadas. Em termos sistêmicos, a família procura solucionar um dilema emocional confinando um de seus membros num espaço fora da casa da família; ela lança mão da "ação". Normalmente, quando decidida num contexto familiar, a internação é provocada quando acontece uma escalada (um período contínuo de *feedback* positivo) no sistema comunicacional da família. O sistema entra em "colapso", colocando em movimento um círculo vicioso. A internação hospitalar quita a dívida vencida.

Além disso, a internação psiquiátrica tem várias outras funções em relação a crises familiares. Às vezes um paciente pode ser considerado um dos membros da díade, um casal por exemplo, que demanda que o hospital seja um ponto de referência para ajudar a regular suas interações. O hospital se torna o terceiro vértice de um triângulo, necessário, de acordo com Bowen (1978), para restabelecer estabilidade de determinada díade. Normalmente, porém, é o próprio paciente que é inicialmente triangulado. Para Edith, no Capítulo 5, não havia outra possibilidade de ação a não ser a "loucura" – uma condição que levaria à ação, uma vez que a loucura era incompatível com as regras, expectativas ou necessidades dos outros membros da família. Edith não deve ter percebido que ela não dava conta de ficar mais tempo com uma irmã do que com outra, quando uma delas necessitava de mais apoio do que ela poderia oferecer. Se tivesse compreendido isso, Edith poderia dizer isso a ela sem "rejeitá-la". Tampouco trairia nenhuma irmã dizendo que uma estava desprezando a outra. Ela só conseguia resolver isso internando-se no hospital, quando a terceira irmã tivesse sido envolvida por conta própria.

A função do hospital psiquiátrico para aqueles que mais obviamente fazem uma escolha consciente de lá estarem parece ser diferente daqueles que nele são "confinados" por serem psicóticos. Dawn, no Capítulo 4, foi internada porque tinha-se isolado e não dava conta de sua solidão. Naquela comunidade específica não era culturalmente possível "reclamar" de solidão; não havia nenhuma organização que oferecesse pensão protegida a adultos jovens "normais". Para "qualificar-se" a uma pensão, era necessário ser doente ou alcoólatra! Dawn provocou desmaios psicogênicos prolongados, que "forçaram" os médicos a entrar em ação; eles não puderam abandoná-la no chão do seu apartamento!

A instituição de saúde mental pode ser vista, então, como tendo uma função parental substitutiva: aceita as pessoas temporariamente para conter as ansiedades e, provendo limites físicos, opera uma função de "sustentação" até que a família ou uma instituição alternativa possa reassimilá-las. Dawn foi estimulada a colocar um anúncio na imprensa local, procurando uma família que a acolhesse, como um filho adotivo adulto. Deu certo imediatamente. Estava muito claro que ela precisava para ela o que seus próprios filhos receberam, na medida em que eles foram considerados "crianças de risco" e levados para um orfanato.

Vimos que o psicodrama pode ser considerado uma representação que pode levar a uma transformação na experiência do ego e na posição deste aos olhos do grupo. Muitas internações hospitalares psiquiátricas também são experienciadas como representações dramáticas. Há ação (a internação) e um aumento de papéis: uma primeira internação, pelo menos, não é uma atividade rotineira na vida da maioria dos pacientes e de suas famílias! Por outro lado, não é o fim da história. É um intervalo e há outros atos a serem representados, inclusive a transformação e a reconciliação. Quase todos os pacientes deixam o hospital, mas alguns se beneficiam mais da experiência do que outros. Algumas pessoas, juntamente com suas famílias, podem beneficiar-se positivamente do limite físico do hospital se seu significado for compreendido por aqueles que tomaram a decisão ou foram de alguma maneira envolvidos em sua formulação. Se a discussão do caso com a família pode ser vista de algum modo como equivalente do palco psicodramático, a interação entre a família e o paciente pode ser regulada pela equipe de tal forma que seja análoga ao modo pelo qual um diretor de psicodrama maneja a cena. O papel do hospital é propositadamente modificado para co-criar um diálogo com o paciente e a família.

Um objetivo camuflado e raramente reconhecido para a internação psiquiátrica pode ser criar um limite físico entre o paciente e sua família ou seus amigos. Em uma comunidade pequena, altamente definida numa era de tecnologia refinada de comunicações, a facilidade de comunicação torna difícil a alguém isolar-se de um contato excessivo ou não desejado com parentes. Nessas comunidades altamente interativas, devem ser estabelecidos limites sociais mais rígidos para compensar o efeito de limites físicos mais permeáveis. Sem esses constrangimentos sociais, seria o caos; é difícil para uma pessoa evitar comunicar-se se os outros insistirem nisso. As conexões intergeracionais complexas podem tornar as pessoas tão vulneráveis a tantas múltiplas avaliações que elas ficam confusas no seu senso de ego.

Quando a comunicação está excessivamente distorcida, o serviço psiquiátrico público é, muitas vezes, levado mais a agir do que a dialogar. Em uma comunidade pequena, porém, a ação – por meio da internação hospitalar – pode ser de uma ordem diferente. O que no passado era visto como indiscriminadamente restritivo e constrangedor, hoje tende a ser considerado respondendo melhor a necessidades individuais bastante diferentes e variadas, mediante uma compreensão de pacientes, famílias e problemas em termos sistêmicos. A internação hospitalar provê uma estrutura àqueles que dela necessitam, na medida em que forçosamente retira a pessoa de um meio rígido já existente. Além disso, ao prover um local para as famílias se encontrarem para as sessões e um palco para o psicodrama, cria uma maneira de colocar em ação o pensamento sistêmico.

Se a família como instituição está mudando, com o papel de pai sendo assumido cada vez mais pelo Estado, na medida em que os pais estão desempregados ou precisam que suas esposas trabalhem para manter a família, e as mulheres tendem a ver a previdência social como mais "segura" que os maridos, o Estado pode defrontar-se com uma crescente responsabilidade paternal. Entretanto, dentro do lar, as mães solteiras têm freqüentemente de assumir uma parte maior das funções paternas e podem então dar-se menos como mães. Os serviços de saúde mental sempre foram vistos como estruturas hierárquicas tipicamente masculinas, estruturadas, como no exército, por regras, regulamentos e sanções. Hoje no entanto há felizmente uma responsividade feminina no "cuidado" estatal; o "processo maturacional e o ambiente facilitador" (Winnicott, 1965) podem ter sido encontrados, metaforicamente, no domínio público da saúde mental do adulto!

Vimos vários exemplos de como uma equipe clínica pode adaptar-se às demandas particulares feitas pelos pacientes e suas famílias ao serviço de saúde mental público. Observamos também como, durante certo tempo, diferentes modalidades terapêuticas podem ser ajustadas às necessidades específicas do paciente, da família ou do grupo, em dado momento.

Finalmente, tendo discutido a importância de uma modalidade terapêutica se adequar às necessidades específicas de um paciente ou de uma família, buscando opções de abordagens mais apropriadas, importa uma vez mais considerar a importância da flexibilidade no papel do terapeuta ou psiquiatra. Se ele utiliza a terapia psicanalítica individual e o paciente pode se beneficiar disso, no serviço público o tempo disponível seria um fator limitante. Se o paciente vem por causa da pressão de outros membros da família, então a terapia individual pode ser difícil, na medida em que se esperaria do terapeuta que ajudasse a solucionar problemas que não estão totalmente dentro do paciente. Além disso, se o paciente é encaminhado a um hospital psiquiátrico com sintomas em nome dos outros membros da família (se, por exemplo, ele está suportando o fardo de um luto da família, não resolvido), então o psiquiatra ou terapeuta tem de encontrar maneiras de focar os problemas diretamente com os familiares relevantes. Alguns pacientes apresentam problemas sistêmicos no psicodrama ou em outros tipos de grupos. Outros "costeiam" como pacientes regulares, mas sem progresso significativo, a menos que se adote uma abordagem sistêmica. Os pacientes que estão muito doentes e requerem uma atenção custodial ativa, em função de uma reação psicótica ou de alguma outra crise, também precisam ter sua situação examinada de uma perspectiva sistêmica.

O psiquiatra/terapeuta não só tem de adotar uma atitude terapêutica de acordo com as necessidades percebidas do paciente, mas também levar em conta o sistema mais amplo de saúde mental pública, do qual ele, como profissional, faz parte. Para desempenhar adequadamente o papel de operador de sistemas, esse posicionamento é crucial. Há três exigências:

- O clínico tem de prestar atenção à sua própria espontaneidade, da mesma forma como um diretor de psicodrama responde a situações novas de forma adequada ou a problemas antigos mediante novos meios (Moreno, 1953).
- Se o clínico trabalha no âmbito da estrutura de uma instituição, ele tem de usá-la criativamente. No que diz respeito à estrutura física, devem ser levadas em conta as várias necessidades: as do paciente, as da família, as dos agentes que fazem os encaminhamentos e, além disso, as do pessoal do hospital, cujas ansiedades devem ser reconhecidas.
- Um operador de sistemas deve ser capaz de adaptar seu papel para integrar os sistemas do cliente e os sistemas do serviço (inclusive o hospital), aos sistemas de terapia, de forma que estes últimos sejam utilizados em intervenções adequadas às necessidades clínicas e aos recursos disponíveis para atendê-las. Fruggeri (1991) explica como a importância das interpretações, intervenções ou técnicas, para o impacto terapêutico total no paciente, repousa no contexto em que elas ocorrem.

Num quadro de referência mais geral, dirigir psicodrama é parecido com a atuação de um terapeuta sistêmico. Tem sido demonstrado que, sem usar a mesma linguagem, o psicodrama utiliza princípios sistêmicos. O que ele proporciona, como contribuição específica, é a focalização, mediante métodos de ação, dos papéis pelos quais as pessoas se comunicam e que, por sua vez, afetam o modo pelo qual os outros se expressam. Em outras palavras, se um significado particular é atribuído a uma ação enquanto ela está ocorrendo, alguns papéis podem mudar e por sua vez influenciar outros papéis. O diretor presta atenção primeiro às suas próprias ações e seus significados e, na medida em que mantém sua própria espontaneidade, pode mobilizar a espontaneidade de terceiros. Como Hollander (1992) assinalou, a teoria de Bowen se centra na diferenciação, enquanto a espontaneidade de Moreno está no coração da singularidade do indivíduo. Pensando sistemicamente, quando analisa sua própria posição, o diretor de psicodrama define seu papel em relação aos outros membros do grupo, e por esse processo ele também os ajuda a definir seus próprios papéis. Como Williams (1989) bem lembrou, Moreno entendeu a natureza sistêmica dos papéis, incluindo o contexto deles e suas conseqüências.

***

O psicodrama, tal como apresentado neste livro, é um método específico de terapia que pode ser combinado e coordenado com muitos outros métodos; alguns de seus princípios, porém, servem também como modelo para o terapeuta sistêmico, no campo geral da assistência à saúde mental, como pretendo mostrar em outro livro. Exemplifica o modo como o terapeuta ou psiquiatra pode prestar atenção ao seu repertório terapêutico de papéis e examinar seu próprio sistema de idéias quanto à condução da terapia enquanto estiver "agindo" – seja esse agir físico, como quando provê um ambiente acolhedor, ou verbal, por exemplo mediante conversação ou interpretação. As intervenções terapêuticas normalmente envolvem as duas coisas e, assim, freqüentemente refletem, num serviço público de saúde mental, o efeito de um papel terapêutico sobre outro.

Referências bibliográficas

AGAZARIAN, Y. A theory of living human systems and the practice of systems-centred psychotherapy (Uma teoria de sistemas humanos vivos e a prática da psicoterapia centrada no sistema). Apresentação especial na 37ª reunião anual da American Group Psychotherapy Association, 1993.

ANDERSON, H. Collaborative language systems: toward a postmodern therapy (Sistemas colaborativos de linguagem: por uma terapia pós-moderna). In: MIKESELL, R.; LUSTERMAN, D. D.; MCDANIEL, S. (orgs.). *Family psychology and systems theory* (Psicologia familial e teoria dos sistemas). Washington, DC: American Psychological Association Press, (no prelo).

——————; GOOLISHIAN, A.; WINDERMAND, L. Problem-determined systems: towards transformation in family therapy (Sistemas voltados para problemas: transformações na terapia familial). *Journal of Strategic and Systemic Therapies*, 1987, 5, pp. 1-14, 1987.

ANDOLFI, N.; ANGELO, C.; MENGHI, et al. *Behind the family mask* (Por detrás da máscara familial). Nova Iorque: Brunner/Mazel, 1983.

BALINT, M. *The doctor, his patient and the illness* (O médico, seu paciente e a doença). Londres: Pitman Medical, 1964.

BANDLER, R.; GRINDER, J. *Patterns of the hypnotic techniques of Milton H. Erickson* (Padrões das técnicas hipnóticas de Milton H. Erickson). CUPERTINO, CA: Meta Publications, v. 1, 1975.

BATESON, G. *Mind and nature: a necessary unity* (Espírito e natureza: uma unidade necessária). Londres: Fontana, 1979.

BECK, A. T.; RUSH, A. J.; SHAF, B. F.; et al. *Cognitive therapy of depression* (Terapia cognitiva da depressão). Nova Iorque: Brunner/Mazel, 1979.

BENTOVIM, A. *Trauma-organized systems: physical and sexual abuse in families* (Abuso físico e sexual em famílias). ed. rev. 1995. Londres: Karnac Books, 1992.

BION, W. *Learning from experience* (Aprendendo com a experiência). Londres: Heinemann, 1962.

BLATNER, A.; BLATNER A. *Foundations of psychodrama, history, theory and practice* (Fundamentos do psicodrama: história, teoria e prática). Nova Iorque: Springer Publishing, 1988.

BOLLAS, C. *The shadow of the object; psychoanalysis of the unknown thought* (A sombra do objeto; psicanálise do pensamento desconhecido). Londres: Free Association Books, 1987.

BOSCOLO, L.; CECCHIN, G.; CAMPBELL, D.; et al. Twenty more questions: selections from a discussion between the Milan Associates and the editors (Vinte questões adicionais: excertos de uma discussão entre os mentores de Milão e os editores). In: CAMPBELL, D.; DRAPER, R. (eds.). *Applications of systemic family therapy, the Milan approach* (chapter 27). (Aplicações da terapia familiar sistêmica. A escola de Milão, cap. 27). Nova Iorque: Grune & Stratton, 1985.

BOSZORMENYI-NAGY, I. Contextual therapy: therapeutic leverages in mobilizing trust (Terapia contextual: alavancas terapêuticas na mobilização da confiança). In: GREEN, R. J.; FRAM, J. L. (eds.). *Family therapy, major contributions*. Nova Iorque: International Universities Press, 1981.

BOWEN, M. *Family therapy in clinical practice* (Terapia familiar na prática clínica). Nova Iorque: Jason Aronson, 1978.

BRITTAN, A. *Meanings and situations* (Significados e situações). International Library of Sociology, John Rex (ed.). Londres/Boston: Routledge & Kegan Paul, 1973.

CAMPBELL, D.; DRAPER, R.; HUFFINGTON, C. *Second thoughts on the theory and practice of the Milan approach to family therapy* (Novos aportes à teoria e prática da escola de terapia familiar de Milão). Londres: D.C. Associates, 1989.

CHASIN, R.; ROTH, S.; BOGRAD, N. Action methods in systemic therapy: dramatising ideal futures and reformed pasts with couples (Métodos de ação em terapia sistêmica: dramatizando o futuro ideal e o passado reformado com casais). *Family Process*, 28, pp. 121-36, 1989.

COMPERNOLLE, T. J. L. Moreno: an unrecognized pioner of family therapy. (J. L. Moreno: um pioneiro não reconhecido da terapia familiar). *Family Process*, 20, pp. 331-5, 1981.

DE SHAZER, S. *Patterns of brief family therapy* (Princípios da terapia breve familiar). Nova Iorque: Guilford Press, 1982.

——————. *Putting difference to work* (Trabalhando a diferença). Nova Iorque: W. W. Norton, 1991.

DICKS, H. V. *Marital tensions* (Tensões conjugais). Londres: Routledge & Kegan Paul, 1967.

EPSTON, D.; White, M. *Archaeology of therapy* (Arqueologia da terapia). South Australia: Dulwich Centre Publications, 1990.

FOGARTY, T. F. The distancer and pursuer (O distanciador e o perseguidor). In: *The best of the family 1973-1978*. New Rochelle, NY: The Centre for Family Learning, v. 7, n. 1, 1978.

FOUCAULT, M. *Madness and civilization: a history of insanity in the age of reason* (Loucura e civilização: uma história da loucura na idade da razão). Londres: Tavistock, 1971.

FOX, J. (ed.). *The essential Moreno: writings on psychodrama, group method, and spontaneity by J. L. Moreno, M.D.* (O essencial de Moreno: textos sobre psicodrama, terapia de grupo e espontaneidade do dr. J. L. Moreno). Nova Iorque: Springer Publishing, 1987. (Publicado em português pela Editora Ágora. Trad. Moysés Aguiar, 2002.)

FRAMO, J. L. *Explorations in marital and family therapy: selected papers of James L. Framo* (Pesquisas em terapia conjugal e familiar: textos selecionados de James L. Framo). Nova Iorque: Springer, 1982.

FRUGGERI, L. The constructivist systemic approach and context analysis (A abordagem construtivista sistêmica e a análise contextual). In: FRUGGERI, L. et al. *New systemic ideas from the Italian mental health movement*. Londres: Karnac Books, 1991.

―――――; MATTEINI, M. From dualism to complexity: methodological issues in psychotherapy in public services (Do dualismo à complexidade. Questões metodológicas na psicoterapia em serviços públicos). In: FRUGGERI, L. et al. *New systemic ideas from the Italian mental health movement*. Londres: Karnac Books, 1991.

GANZARAIN, R. C.; BUCHELE, B. J. *Fugitives of incest: a perspective from psychoanalysis and groups* (Fugitivos do incesto: uma perspectiva a partir da psicanálise e de grupos). Madison, CT: International Universities Press, 1989.

GOLDMAN, E.; MORRISON, D. *Psychodrama: experience and processes* (Psicodrama: experiência e processos). Dubuque, IA: Kendall/Hunt, 1984.

GUERIN JR, P. J. Family therapy: the first twenty five years (Terapia familiar: os primeiros 25 anos). In: GUERIN, JR. P. J. (ed.). *Family therapy: theory and practice*. Nova Iorque: Gardner Press, 1976.

HAVENS, L. *Making contact: uses of language in psychotherapy* (Fazendo contato: usos da linguagem na psicoterapia). CAMBRIDGE, MA: Harvard University Press, 1986.

HINSHELWOOD, R. D. *What happens in groups? Psychoanalysis, the individual and the community* (O que acontece nos grupos? Psicanálise, o indivíduo e a comunidade). Londres: Free Association Books, 1987.

―――――; MANNING, N. *Therapeutic communities, reflections and progress* (As comunidades terapêuticas: reflexões e progressos). Londres: Routledge & Kegan Paul, 1979.

HOLLAND, R. *Self and social context* (O self e o contexto social). Londres: Macmillan, 1977.

HOLLANDER, C. E. *Psychodrama, role-playing, and sociometry: living and learning processes. Comparative family systems of Moreno and Bowen* (Psicodrama, *role-playing* e sociometria: Processos de vida e aprendizagem. Comparando os sistemas familiares de Moreno e Bowen). Lakewood, CO: Colorado Psychodrama Centre, 1992.

HOLMES, P. *The inner world outside: object relating theory and psychodrama* (A exteriorização do mundo interior: o psicodrama e a teoria das relações objetais). Londres: Tavistock/Routledge, 1992. (Publicado em português pela Editora Ágora. Trad. Eliana Araújo Nogueira do Vale, 1996.)

———; KARP, M. (eds.). *Psychodrama: inspiration and technique* (Psicodrama: inspiração e técnica). Londres: Tavistock/Routledge, 1991. (Publicado em português pela Editora Ágora. Trad. Eliana Araújo Nogueira do Vale, 1992.)

———; KARP, M.; WATSON, M. (eds.). *Psychodrama since Moreno: innovations in theory and practice* (O psicodrama desde Moreno: inovações na teoria e na prática). Londres/Nova Iorque: Routledge, 1994.

INGER, I. B. A dialogue perspective for family therapy: the contributions of Martin Buber and Gregory Bateson (Uma perspectiva de diálogo para terapia familiar: as contribuições de Martin Buber e Gregory Bateson). *Journal of Family Therapy*, 15, pp. 293-314, 1993.

JOHNSTONE, K. Impro. *Improvisation and the theatre* (A improvisação e o teatro). Londres: Faber & Faber, 1979.

JONES, E. *Family systems therapy: developments in the Milan systemic therapies* (Terapia familiar sistêmica: desenvolvimentos nas terapias sistêmicas de Milão). Chichester: John Wiley, 1993.

KEENEY, B. P. Aesthetics of change (A estética da transformação). Nova Iorque: Guilford Press, 1983. In: KEENEY, B. P.; ROSS, J. M. *Mind in therapy: constructing systemic family therapies*. Nova Iorque: Basic Books, 1985.

KELLERMANN, P. F. *Focus on psychodrama: the therapeutic aspects of psychodrama* (O psicodrama em foco e seus aspectos terapêuticos). Londres: Jessica Kingsley, 1992. (Publicado em português pela Editora Ágora. Trad. Eleny C. Séller, 1998.)

KELLY, G. A. *The psychiatry of personal constructs* (A psiquiatria dos construtos pessoais). Nova Iorque: W. W. Norton, 2 v., 1955.

KIPPER, D. A. *Psychotherapy through clinical role playing* (A psicoterapia por meio do *role-playing* clínico). Nova Iorque: Brunner/Mazel, 1986.

KOBAK, R. R.; WATERS, D. B. *Family therapy as a rite of passage: play's the thing* (A terapia familiar como rito de passagem). *Family Process*, 23; pp. 89-100, 1984.

KOHUT, H. *How does analysis cure?* (Como a análise cura?). Chicago, IL: University of Chicago Press, 1984.

KREEGER, L. (ed.). *The large group* (O grande grupo). Londres: Constable, 1975.

LAING, R. D. *The divided self.* (O eu dividido). Londres: Publicações de Tavistock, 1959.

——————. Family and individual structure (A família e a estrutura do indivíduo). In: LOMAS, Peter (ed.). *The predicament of the family.* Londres: Hogarth Press, 1967.

——————.*Self and others* (O eu e os outros). Londres: Tavistock, 1969.

LANGS, R. *A primer of psychotherapy* (Princípios de psicoterapia). Nova Iorque: Gardner Press, 1988.

LERNER, H. G. *The dance of intimacy* (A dança da intimidade). Nova Iorque: Harper & Row, 1989.

LIEBERMAN, S. *Transgenerational family therapy* (Terapia familiar transgeracional). Londres: Croom Helm, 1979.

MASON, B. *Handing over: developing consistency across shifts in residential and health settings.* Londres: D.C. Associates, 1989.

MATURANA, H.; VARELA, F. *Autopoesis and cognition: the realisation of the living* (Autopoese e cognição: a descoberta da vida). Dordrecht: Reidel, 1980.

MEAD, G. H. *Mind, self and society* (Mente, ego e sociedade). Chicago, IL: University of Chicago Press, 1934.

MERQUIOR, J. G. *Foucault.* Londres: Fontana Press, 1985.

MINUCHIN, S.; FISHMAN, H. C. *Family therapy techniques* (Técnicas de terapia familiar). CAMBRIDGE, MA: Harvard University Press, 1981.

MORENO, J. L. Inter-personal therapy and the psychopathology of inter-personal relations (Terapia interpessoal e a psicopatologia das relações interpessoais). *Sociometry,* Nova Iorque: Beacon House, 1937a, vol. 1, pp. 9-76. Reimpresso sob o título Psychopathology of interpersonal relations. *Psychodrama*, Nova Iorque: Beacon House, v. 1, 1946.

——————. Sociometry in relation to other social services (A sociometria em relação com outros serviços sociais). *Sociometry*, 1937b. vol. l., pp. 206-19. Nova Iorque: Beacon House. Também in: FOX, J. (ed.). *The essential Moreno*. Nova Iorque: Springer Publishing, 1987.

——————. (1940). Spontaneity and cartharsis (Espontaneidade e catarse). In: FOX, Jonathon (ed.). *The essential Moreno*. Nova Iorque: Springer Publishing, 1987.

——————. (1953). Who shall survive? 2. ed. (Quem sobreviverá) In: *Foundations of sociometry, group psychotherapy and sociodrama*. Beacon, NY: Beacon House. (Ver também "student edition", 1993, American Society of Group Psychotherapy and Psychodrama, McLean, VA.)

MORENO, Z. T. Time, space, reality, and the family: psychodrama with a blended (reconstituted) family (Tempo, espaço, realidade e a família: psicodrama com uma família reconstituída). In: HOLMES, P.; KARP, M. (eds.). *Psychodrama: inspiration and technique*. Londres: Tavistock/Routledge, 1991.

PENN, P. Circular questioning (Perguntas circulares). *Family Process*, 3, pp. 267-80, 1983.

PINES, N. (ed.) *The evolution of group analysis* (A evolução da grupanálise). Londres: Routledge & Kegan Paul, 1983.

ROBERTO, L. G. *Transgenerational family therapies* (Terapias familiares transgeracionais). Nova Iorque: Guilford Press, 1992.

SYMINGTON, N. *Narcissism: a new theory* (Narcisismo: uma nova teoria). Londres: Karnac Books, 1993.

TELFNER, U. The epistemological operations of professionals (As operações epistemológicas dos profissionais). In: FRUGGERI, L. et al. *New systemic ideas from the italian mental health movement*. Londres: Karnac Books, 1991.

TOMM, K. Interventive interviewing: part II. Reflexive questioning as a means to enable self-healing (Entrevista interventiva: parte II. A pergunta como um meio de facilitar a autocura). *Family Process*, 1987, pp. 167-83, 1987.

———; *Personal communication*. "*Post-Milan systemic therapy*". (Comunicação pessoal). *Workshop* apresentado no Kensington Consultation Centre. Londres, 19-20, nov. 1991.

VON FOERSTER, H. Cybernetics of cybernetics (A cibernética da cibernética). In: KRIPPENDORFF K. (ed.)., *Communication and control.* Nova Iorque: Gordon & Beech, 1979.

WILLIAMS, A. *The passionate technique: strategic psychodrama with individuals, families and groups*. A técnica apaixonada: psicodrama estratégico com indivíduos, famílias e grupos (Psicodrama estratégico). Londres: Routledge, 1989. (Publicado em português pela Editora Ágora. Trad. Carlos Eugenio Marcondes de Moura, 1994.)

———. *Forbidden agendas: strategic action in groups* (Temas proibidos: ações estratégicas para grupos). Londres: Tavistock/Routledge, 1991, (Publicado em português pela Editora Ágora. Trad. Silvana Finzi e Carmen Fischer, 1998.)

WINNICOTT, D. W. Ego integration in child development (A integração do ego no desenvolvimento infantil). In: *The maturational process and the facilitating environment.* Londres: The Hogarth Press and the Institute of Psychoanalysis, 1962. (Reimpresso em Londres: Karnac Books, 1990.)

———. *Playing and reality* (O jogo e a realidade). Harmondsworth: Penguin, 1974. (Reimpresso em Londres: Karnac Books, 1991.)

———. *The maturational process and the facilitating environment* (O processo maturacional e o ambiente facilitador). Londres: The Hogarth Press and the Institute of Psychoanalysis, 1965. (Reimpresso em Londres: Karnac Books, 1990.)

Leia Também

PSICOTERAPIA DA RELAÇÃO
Elementos de psicodrama contemporâneo
José Fonseca

Um livro-acontecimento, há muito esperado. Ele compreende todo o percurso profissional de Fonseca, reunindo textos importantes, inclusive aquele que marca sua passagem entre a psicanálise e o psicodrama. Entre outros temas, a famosa psicoterapia da relação é descrita e explicada. O livro conta ainda com artigos de outros terapeutas que se afinam com o autor e sua abordagem. Um *must* na estante de todo psicodramatista. REF. 20716.

QUEM GRITA PERDE A RAZÃO
A educação começa em casa e a violência também
Luiza Ricotta

Associamos a palavra violência aos episódios graves que temos presenciado no país e no mundo. Mas existe outro tipo de violência mais sutil, às vezes mais danosa e perigosa, presente no dia-a-dia de muitas famílias, e a autora mostra como identificá-la dentro de casa. Ela aponta soluções para pessoas em busca de caminhos para melhorar a qualidade de vida no lar, favorecendo o desenvolvimento psicológico, emocional e social. REF. 20813.

JUNTOS PARA SEMPRE
Os segredos para uma relação duradoura
Lonnie Barbach e David L. Geisinger

Esta é uma abordagem anticonvencional, original e criativa em prol do casamento monogâmico. É dirigida a homens e mulheres entrando em novas relações ou casais renovando seu compromisso conjugal, em busca de encontros significativos e enriquecedores, fora dos padrões usuais e dos papéis estereotipados. Os autores são terapeutas muito experientes, com vários livros publicados, mas este é o primeiro em conjunto. REF. 20642.

O FIM DO SILÊNCIO NA VIOLÊNCIA FAMILIAR
Teoria e Prática
Dalka C. A. Ferrari e Tereza C. C. Vecina (orgs.)

Os artigos aqui reunidos foram escritos por profissionais do Centro de Referência às Vítimas de Violência – CNRVV. O livro aborda temas como a retrospectiva da questão da violência, o modo de funcionamento de uma sociedade e as intervenções possíveis. É uma obra de grande importância para todos que lidam com esse tema devastador, mostrando que há, sim, saídas possíveis. REF. 20807.

VÍNCULO E AFETIVIDADE
Maria da Penha Nery

Contribuição para a socionomia e a sociatria, ampliando a compreensão das teorias do vínculo e dos papéis a partir da aprendizagem emocional, do processo de aquisição das características dos papéis e da dinâmica vincular. REF. 20819.

VÍNCULO CONJUGAL NA ANÁLISE PSICODRAMÁTICA
Diagnóstico estrutural dos casamentos
Victor R. C. Silva Dias

A questão do vínculo conjugal ganha aqui uma análise profunda com orientação e sistematização para diagnóstico e critérios para indicação de psicoterapia de casal. Há ainda outros artigos sobre tópicos atuais como identidade sexual e perfil do cliente. REF. 20782.

RIVALIDADE FRATERNA
O ódio e o ciúme entre irmãos
Nise Britto

Escrito por uma psicóloga, o livro não se restringe à área teórica. Por meio de entrevistas, a autora também narra casos. Portanto, além de informar sobre todos os aspectos ligados à dinâmica entre irmãos, a obra emociona por conter um pouco das histórias de todos nós. REF. 20818.

A REALIDADE SUPLEMENTAR E A ARTE DE CURAR
Zerka T. Moreno, Leif Dag Blomkvist, Thomas Rutzel

Obra que tem a importância de um documento histórico. Zerka Moreno e Leif Dag Blomkvist dialogam sobre os principais conceitos do psicodrama, entre eles a realidade suplementar, um dos mais significativos legados de Moreno. O livro também traça paralelos com outras expressões culturais que exerceram influências sobre o psicodrama, desde os antigos rituais religiosos até a arte surrealista. REF. 20786.

PSICOLOGIA DO ENCONTRO: J. L. MORENO
Eugenio Garrido Martín

Obra conhecida e respeitada no meio psi, este livro faz a sistematização das teorias de Moreno de forma abrangente através do olhar perspicaz de Garrido, um cientista social e antropólogo. Ele demonstra sua enorme importância no contexto sociohumano, enfatizando a contribuição do criador da psicoterapia de grupo, da sociometria e das terapias de ação. REF. 20531.

---------------------------- dobre aqui ----------------------------

Carta-resposta
9912200760/DR/SPM
Summus Editorial Ltda.
CORREIOS

CARTA-RESPOSTA
NÃO É NECESSÁRIO SELAR

O SELO SERÁ PAGO POR

AC AVENIDA DUQUE DE CAXIAS
01214-999 São Paulo/SP

---------------------------- dobre aqui ----------------------------

TERAPIA SISTÊMICA E PSICODRAMA

CADASTRO PARA MALA-DIRETA

Recorte ou reproduza esta ficha de cadastro, envie completamente preenchida por correio ou fax, e receba informações atualizadas sobre nossos livros.

Nome: _____ Empresa: _____
Endereço: ☐ Res. ☐ Coml. _____ Bairro: _____
CEP: ___-___ Cidade: _____ Estado: _____ Tel.: ( ) _____
Fax: ( ) _____ E-mail: _____
Profissão: _____ Professor? ☐ Sim ☐ Não Disciplina: _____
                                                                    Data de nascimento: _____

1. Você compra livros:
☐ Livrarias   ☐ Feiras
☐ Telefone   ☐ Correios
☐ Internet   ☐ Outros. Especificar: _____

2. Onde você comprou este livro? _____

3. Você busca informações para adquirir livros:
☐ Jornais   ☐ Amigos
☐ Revistas   ☐ Internet
☐ Professores   ☐ Outros. Especificar: _____

4. Áreas de interesse:
☐ Psicologia   ☐ Comportamento
☐ Crescimento Interior ☐ Saúde
☐ Astrologia   ☐ Vivências, Depoimentos

5. Nestas áreas, alguma sugestão para novos títulos?
_____

6. Gostaria de receber o catálogo da editora? ☐ Sim ☐ Não
7. Gostaria de receber o Ágora Notícias? ☐ Sim ☐ Não

Indique um amigo que gostaria de receber a nossa mala-direta

Nome: _____ Empresa: _____
Endereço: ☐ Res. ☐ Coml. _____ Bairro: _____
CEP: ___-___ Cidade: _____ Estado: _____ Tel.: ( ) _____
Fax: ( ) _____ E-mail: _____
Profissão: _____ Professor? ☐ Sim ☐ Não Disciplina: _____
                                                                    Data de nascimento: _____

Editora Ágora

Rua Itapicuru, 613   7º andar   05006-000   São Paulo - SP   Brasil   Tel (11) 3872 3322   Fax (11) 3872 7476
Internet: http://www.editoraagora.com.br   e-mail: agora@editoraagora.com.br

cole aqui